常见司法鉴定书
解析及实务

张宇川　唐　宋　○主编
肖向宇　毛远毅

西南财经大学出版社
中国·成都

图书在版编目(CIP)数据

常见司法鉴定书解析及实务/张宇川等主编.—成都:西南财经大学
出版社,2023.5
ISBN 978-7-5504-5734-8

Ⅰ.①常… Ⅱ.①张… Ⅲ.①司法鉴定—法律文书—分析
Ⅳ.①D916.13

中国国家版本馆 CIP 数据核字(2023)第 059410 号

常见司法鉴定书解析及实务
CHANGJIAN SIFA JIANDINGSHU JIEXI JI SHIWU
张宇川　唐宋　肖向宇　毛远毅　主编

策划编辑:李琼
责任编辑:李琼
责任校对:李思嘉
封面设计:墨创文化
责任印制:朱曼丽

出版发行	西南财经大学出版社(四川省成都市光华村街 55 号)
网　址	http://cbs.swufe.edu.cn
电子邮件	bookcj@swufe.edu.cn
邮政编码	610074
电　话	028-87353785
照　排	四川胜翔数码印务设计有限公司
印　刷	四川五洲彩印有限责任公司
成品尺寸	165mm×230mm
印　张	18.5
字　数	249 千字
版　次	2023 年 5 月第 1 版
印　次	2023 年 5 月第 1 次印刷
书　号	ISBN 978-7-5504-5734-8
定　价	68.00 元

编委

主　编：张宇川　唐　宋　肖向宇　毛远毅

副主编：冯　涛

序

　　司法鉴定是一门法学与科学交叉的司法活动，涉及专业范围广，领域涵盖法学、医学、化学、工学、理学、生物学、人类学等多门学科。但司法鉴定文书作为司法鉴定活动的最终成果，也是诉讼活动的证据之一，却少有系统介绍其规范的著作。鉴于此，笔者编写了本书。本书由成都市公安局刑侦局刑事技术处长期从事司法鉴定研究并有丰富鉴定实践经验的鉴定专家，结合司法部、公安部最新颁布的政策法规，引入近年来司法鉴定领域发展的新技术、新方法精心撰写而成。笔者坚持以习近平新时代中国特色社会主义思想为指引，全面贯彻习近平法治思想，系统、准确地阐述、诠释司法鉴定及其文书的理论、规定及知识，努力使本书实现知识性与实践性的有机统一。

　　本书是一本解析鉴定文书、介绍鉴定过程的书籍，选取了文检、手印、法医物证（DNA）鉴定书及犯罪心理测试报告作为解读分析对象，力求内容翔实、通俗易懂、结构合理、重点突出。本书可作为侦查人员、检察人员、审判人员正确认识、理解司法鉴定文书的工具，也可作为司法鉴定机构内部规范鉴定文书的指南。

　　全书共分成五个章节：

第一章是总则。本章主要介绍司法鉴定的相关概念、司法鉴定的资质认定及实验室认可、司法鉴定的过程及司法鉴定人出庭作证相关知识，重点阐述了司法鉴定文书的要求。

第二章是文件检验鉴定书。本章主要介绍文件检验鉴定文书内容解析和使用实务，对文检鉴定中涉及的概念性问题和检验鉴定原理、方法进行解析和说明，着重对常见鉴定文书的种类、检验内容、鉴定结果以及在出具检验鉴定时的各项要求进行具体分析讲解。

第三章是手印鉴定书。本章主要介绍手印鉴定书任务、理论依据、内容、分类，手印鉴定的委托、鉴定事项（协议）的确认，手印鉴定过程中的检验工作，手印鉴定文书的制作。

第四章是法医物证（DNA）鉴定书。本章主要介绍法医物证（DNA）鉴定的概念、原理，明确司法鉴定/法庭科学中法医物证鉴定的对象、任务、特点和分类，对法医物证的委托受理、检验鉴定及结果发布进行了介绍。本章重点阐述了法医物证鉴定文书的内容及格式，以及使用标准、结果、论证、鉴定意见的解析和审查要点；从实验室规范化管理方面介绍了法医物证鉴定质量保证的各项要素；并介绍了现行有效的法医物证的相关政策和技术标准，以便读者学习和掌握。

第五章是准绳问题心理测试分析意见书。犯罪心理测试是多种测试技术的总称，准绳问题心理测试是其中应用非常广泛的测试技术之一。本章以准绳问题心理测试为主要技术手段，首先从测试前委托程序着手，讨论测试准绳问题和相关问题的设计方案，其次是阐述正式测试时的测前谈话、测试进行时谈话技巧、测试图谱分析等过程，最后针对测试意见书各项目内容进行综合解析。笔者基于工作十余年的实践，重点从鉴定文书（准绳问题心理测试分析意见书）出发，解读全流程及各部分之间的关系，剖析鉴定文书结论的依据。

本书撰写人员简介及分工如下，按章节顺序排列：

肖向宇，1979 年出生于四川成都，2003 年四川大学华西基础医学与法医学院法医学专业本科毕业，副高级技术职称，研究方向为法医物证（DNA）鉴定、实验室认可、检验检测机构资质认定，负责撰写第一章、第四章第六节。

张宇川，1981 年出生于四川内江，2003 年中国刑事警察学院本科毕业，四川大学在职硕士研究生学历，副高级技术职称，研究方向为文件检验鉴定、痕迹检验鉴定，负责撰写第二章。

唐宋，1985 年出生于四川成都，2008 年四川警察学院本科毕业，副高级技术职称，研究方向为痕迹检验鉴定、刑事现场勘查，负责撰写第三章。

冯涛，1980 年出生于山西太原，2009 年中国人民公安大学法医遗传学专业硕士研究生毕业，副高级技术职称，研究方向为法医物证（DNA）鉴定，负责撰写第四章第一节、第二节、第三节、第四节、第五节、第七节及附件。

毛远毅，1981 年出生于四川成都，2016 年四川大学博士毕业，副高级技术职称，研究方向为犯罪心理测试，负责撰写第五章。

本书在撰写过程中，参阅了大量文献，谨向原作者表示诚挚的谢意。希望本书能帮助法律工作者厘清并掌握司法鉴定文书与法律事件间的逻辑关系，提升司法鉴定人员的实务技能。由于撰写时间较为仓促，而本书内容又涉及众多鉴定领域和学科，限于笔者水平，书中若有不妥之处，敬请读者批评指正。

编者

2023 年 1 月

目录

第一章　总则

　　本章主要介绍司法鉴定的相关概念、司法鉴定的资质认定及实验室认可、司法鉴定的过程及司法鉴定人出庭作证相关知识，重点阐述司法鉴定文书的要求。

第一节　司法鉴定介绍

　　司法鉴定是国家司法活动的重要组成部分，在维护司法公正、打击犯罪、化解社会矛盾、促进社会和谐稳定中具有不可替代的重要作用。

　　根据《全国人民代表大会常务委员会关于司法鉴定管理问题的决定》（以下简称《决定》），司法鉴定是指在诉讼活动中鉴定人运用科学技术或者专门知识对诉讼涉及的专门性问题进行鉴别和判断并提供鉴定意见的活动，是一项科学性、法律性和专业性高度统一的科学实证活动。

　　但应注意的是，在现实生活和工作中，需要运用科学技术或者专门知识进行鉴别和判断的问题很多，但这类活动不一定都属于《决定》中规定的司法鉴定，只有在诉讼活动中对案件的某些专门性问题进行鉴别和判断的活动，才属于《决定》中规定的司法鉴定。我国的诉讼活动包括刑事诉讼、民事诉讼、行政诉讼三种。因此，《决定》中规定的"在诉讼活动中"，就是指在刑事、民事、行政三种诉讼活动中。

一、司法鉴定的种类

按照《决定》内容，司法鉴定是一个外延很广泛的概念，只要是对诉讼涉及的专门性问题进行鉴别和判断并提供鉴定意见的活动就都能称为"司法鉴定"。但是《决定》中只将"法医类鉴定""物证类鉴定""声像资料鉴定"和"根据诉讼需要由国务院司法行政部门商最高人民法院、最高人民检察院确定的其他应当对鉴定人和鉴定机构实行登记管理的鉴定事项"这四大类鉴定列为需要进行登记管理的鉴定种类。"法医类鉴定""物证类鉴定""声像资料鉴定"的概念和内容都有明确的规定和说明。第四类"根据诉讼需要由国务院司法行政部门商最高人民法院、最高人民检察院确定的其他应当对鉴定人和鉴定机构实行登记管理的鉴定事项"，其实是对上述三类鉴定种类以外的鉴定的补充。这是一项法律授权性规定，具有较大灵活性，在实际工作中可以根据诉讼的需要选用。对在司法实践中实用性很广泛、确实需要进行登记管理的鉴定种类，国务院司法行政部门经与最高人民法院、最高人民检察院商定，可以将其纳入鉴定人和鉴定机构实行的登记管理范围中。比如，2015 年 12 月，最高人民法院、最高人民检察院、司法部联合下发了《最高人民法院 最高人民检察院 司法部关于将环境损害司法鉴定纳入统一登记管理范围的通知》，司法部、环境保护部共同下发了《司法部 环境保护部关于规范环境损害司法鉴定管理工作的通知》，决定将环境损害司法鉴定纳入统一登记管理的范围。实际上"环境损害司法鉴定"就属于《决定》中的第四类鉴定。

但是司法鉴定涉及的专门性问题十分广泛，诸如诉讼活动中需要进行的司法会计、价格鉴定、产品真假鉴定等，笔者认为也属于"司法鉴定"，但不在上述四大类鉴定种类中，也就无须进行登记管理。这是因为将各行各业的技术部门全部纳入登记管理范围不现实也不可能，管不好也管不了。实践中如果有的案件涉及的专门性问题需要鉴定，而登记范围以内的鉴定人或鉴定机构不能进行鉴定的，可以要求登记范围以外的技术部门或人员进行鉴定，并不妨碍司法鉴定工作。

需要说明的是，本书只涉及需要进行登记管理的四大类鉴定及相关内容。

二、司法鉴定的项目

按照《决定》内容，法医类鉴定包括法医病理鉴定、法医临床鉴定、法医精神病鉴定、法医物证鉴定和法医毒物鉴定。物证类鉴定包括文书鉴定、痕迹鉴定和微量鉴定。声像资料鉴定包括对录音带、录像带、磁盘、光盘、图片等载体上记录的声音、图像信息的真实性、完整性及其所反映的情况过程进行的鉴定和对记录的声音、图像中的语言、人体、物体做出种类或者同一认定。

司法行政部门和公安机关又根据《决定》要求，对司法鉴定项目进行了具体规定。

司法行政部门方面，司法部在 2020 年先后印发了《法医类司法鉴定执业分类规定》（司规〔2020〕3 号）及《物证类司法鉴定执业分类规定》《声像资料司法鉴定执业分类规定》（司规〔2020〕5 号），将法医类鉴定分为法医病理鉴定、法医临床鉴定、法医精神病鉴定、法医物证鉴定、法医毒物鉴定，将物证类鉴定分为文书鉴定、痕迹鉴定、微量物证鉴定，将声像资料鉴定分为录音鉴定、图像鉴定、电子数据鉴定。而在 2019 年，司法部、生态环境部联合印发了《环境损害司法鉴定执业分类规定》（司发通〔2019〕56 号），将环境损害鉴定分为污染物性质鉴定、地表水与沉积物环境损害鉴定、空气污染环境损害鉴定、土壤与地下水环境损害鉴定、近岸海洋与海岸带环境损害鉴定、生态系统环境损害鉴定、其他环境损害鉴定。

公安机关方面，在 2020 年最新实施的《公安机关鉴定机构登记管理办法》（公安部令第 155 号）中，公安机关将可以申报登记的鉴定项目分为 12 项：法医类鉴定，包括法医临床、法医病理、法医人类学和法医精神病鉴定；DNA 鉴定；痕迹鉴定；理化鉴定，包括毒物、毒品和微量物质的鉴定；文件证件鉴定；声像资料鉴定；电子数据鉴定；环境损害鉴定；交通事故鉴定；心理测试；警犬鉴别；根据科学技术发展和公安工作需要，鉴定机构可以申请开展其他鉴定项目。

三、司法鉴定人

（一）司法鉴定人概述

根据《决定》内容，司法鉴定的主体是"鉴定人"，即在诉讼活动中，依法接受委托对诉讼涉及的专门性问题进行鉴别和判断并提供鉴定意见的人。司法鉴定实行鉴定人负责制度，鉴定人应对自己做出的鉴定意见负法律责任。在司法行政部门登记的鉴定人，所持的是"司法鉴定人执业证"，而在公安机关登记的鉴定人，所持的是"鉴定人资格证书"，两者名称不同，但是法律效力、作用是一样的。应当注意的是，不能把鉴定机构等同于鉴定人，鉴定机构是由一定人数的鉴定人组成的组织，鉴定机构对鉴定人及鉴定事务进行管理，承担相应的责任。

（二）司法鉴定人申请条件

根据《决定》第四款规定，以下三个条件满足一项的就可以申请登记从事司法鉴定业务：一是具有与所申请从事的司法鉴定业务相关的高级专业技术职称的；二是具有与所申请从事的司法鉴定业务相关的专业执业资格或者高等院校相关专业本科以上学历，从事相关工作五年以上的；三是具有与所申请从事的司法鉴定业务相关工作十年以上经历，具有较强的专业技能的。但因故意犯罪或者职务过失犯罪受过刑事处罚的，受过开除公职处分的，以及被撤销鉴定人登记的人员，不得从事司法鉴定业务。

司法行政部门和公安机关根据上述规定，分别对申请鉴定人的条件进行了具体规定。

《司法鉴定人登记管理办法》（司法部令第 96 号）规定：

个人申请从事司法鉴定业务，应当具备下列条件：

（一）拥护中华人民共和国宪法，遵守法律、法规和社会公德，品行良好的公民；

（二）具有相关的高级专业技术职称；或者具有相关的行业执业资格或者高等院校相关专业本科以上学历，从事相关工作五年以上；

（三）申请从事经验鉴定型或者技能鉴定型司法鉴定业务的，应当具备相关专业工作十年以上经历和较强的专业技能；

（四）所申请从事的司法鉴定业务，行业有特殊规定的，应当符合行业规定；

（五）拟执业机构已经取得或者正在申请《司法鉴定许可证》；

（六）身体健康，能够适应司法鉴定工作需要。

有下列情形之一的，不得申请从事司法鉴定业务：

（一）因故意犯罪或者职务过失犯罪受过刑事处罚的；

（二）受过开除公职处分的；

（三）被司法行政机关撤销司法鉴定人登记的；

（四）所在的司法鉴定机构受到停业处罚，处罚期未满的；

（五）无民事行为能力或者限制行为能力的；

（六）法律、法规和规章规定的其他情形。

在上面规定的基础上，司法部于 2021 年印发了《法医类 物证类 声像资料司法鉴定机构登记评审细则》（司规〔2021〕2 号）对具体鉴定项目的鉴定人申请条件进行了更细致的规定。

《公安机关鉴定人登记管理办法》（公安部令第 156 号）规定：

个人申请鉴定人资格，应当具备下列条件：

（一）在职或者退休的具有专门技术知识和技能的人民警察；公安机关聘用的具有行政编制或者事业编制的专业技术人员；

（二）遵守国家法律、法规，具有人民警察职业道德；

（三）具有与所申请从事鉴定项目相关的高级警务技术职务任职资格或者高级专业技术职称，或者高等院校相关专业本科以上学历，从事相关工作或研究五年以上，或者具有与所申请从事鉴定项目相关工作十年以上经历和较强的专业技能；

（四）所在机构已经取得或者正在申请《鉴定机构资格证书》；

（五）身体状况良好，适应鉴定工作需要。

（三）司法鉴定人的分类

按照司法鉴定人的资格模式的不同，可以将司法鉴定人分为执业型司法鉴定人和专聘型司法鉴定人。

1. 执业型司法鉴定人

执业型司法鉴定人是指具有专门或特殊专业技能或专业技术资格或其他专业知识的自然人，按照相关部门的鉴定人登记管理办法（如司法部令第 96 号的《司法鉴定人登记管理办法》、公安部令第 156 号的《公安机关鉴定人登记管理办法》），经国家主管机关审核后，由国家有关主管部门授予司法鉴定人执业（或鉴定）资格的人员，其执业（或鉴定）项目在《决定》规定的四大鉴定种类的领域内。应注意的是，执业型司法鉴定人不是通用型司法鉴定人才，只能在其申请取得的司法鉴定人执业（或鉴定资格）证书规定的鉴定范围和专业类别中从事司法鉴定活动。同时，执业型司法鉴定人必须登记在司法鉴定机构中。

2. 专聘型司法鉴定人

专聘型司法鉴定人是指在《决定》规定的四大鉴定种类的领域外，临时接受司法机关、仲裁机构或其他组织委托，用自身技术就特定事项从事司法鉴定活动的人员。该类司法鉴定人一般应为该领域内具有专门知识的专家，或者是具有特定的科学技术手段以及较为丰富的实践工作经验，所接受的司法鉴定任务有临时性、特殊性，一般说来是一次性的特点。专聘型司法鉴定人采取一事一聘原则，在完成所接受的司法鉴定任务后，其司法鉴定人的身份即行取消。专聘型司法鉴定人无须确定执业（或鉴定）资格，也无须登记在司法鉴定机构中。

《决定》第八条"鉴定人应当在一个鉴定机构中从事司法鉴定业务"，是对"执业型司法鉴定人"的特别规定。一方面，司法鉴定人必须隶属某一个鉴定机构，如果不属于任何鉴定机构，是不能取得执业证或鉴定资格证书的，也不得从事司法鉴定业务；另一方面，司法鉴定人又不得同时在两个及以上的鉴定机构从事鉴定工作。

四、司法鉴定机构

司法鉴定机构是鉴定人依法执业的场所，是指具备鉴定机构登记管理办法规定的条件，经省级及以上行政机关审核登记，取得相应鉴定许可或资格证书，在登记的鉴定业务范围内开展司法鉴定活动的法人或其他组织。在司法行政部门登记的鉴定机构所持的是"司法鉴定机构许可证"，而在公安机关登记的鉴定机构所持的是"鉴定机构资格证书"，两者名称虽不同，但是法律效力、作用是一样的。

在2005年《决定》出台前，由于全国没有统一的司法鉴定登记管理制度，我国对鉴定人和鉴定机构的登记管理有两套系统，一个是司法行政部门的登记管理，另一个是法院系统的登记管理。这样就形成了司法行政部门和人民法院同时对鉴定人和鉴定机构进行登记管理的局面，造成司法鉴定工作长期存在条块分割、政出多门、多头管理的情况。在《决定》施行后，最高人民法院、最高人民检察院、公安部、国家安全部、司法部等部门都出台了相关文件，对司法鉴定机构的登记管理进行规定。主要有以下四点：

（1）将司法鉴定人和司法鉴定机构的登记管理工作，统一交由司法行政部门负责，实行两级管理制度。国务院司法行政部门主管全国鉴定人和鉴定机构的登记管理工作，省级人民政府司法行政部门依照本决定的规定，负责对鉴定人和鉴定机构的登记、名册编制和公告工作。

（2）人民法院和司法行政部门不得设立鉴定机构。在《决定》施行后，人民法院和司法行政部门不得再设立鉴定机构，也不能保留原来已经设立的鉴定机构。

（3）侦查机关根据侦查工作的需要设立的鉴定机构，实行备案登记，并不得面向社会接受委托从事司法鉴定业务。

这里指的侦查机关包括公安机关、检察机关的侦查部门、办理危害国家安全刑事案件的国家安全机关、军队保卫部门等。

"实行备案登记"是指上述侦查机关所属鉴定机构和鉴定人实行所属部门直接管理和司法行政部门备案登记相结合的管理模式。公安机关、检察机关、国家安全机关登记、管理本系统所属鉴定机构和鉴定人；司法行政部门不对侦查机关的鉴定机构和鉴定人进行具体的管理，只是对经公安机关、检察机关、国家安全机关审查合格的所属鉴定机构和鉴定人进行备案登记，编制和更新国家鉴定机构、鉴定人的名册并公告。

"不得面向社会接受委托从事司法鉴定业务"是指侦查机关设立的鉴定机构，不得接受社会上企事业单位、其他组织和个人的司法鉴定委托，只能为自身工作所需而开展相应的鉴定活动，包括但不限于接受侦查机关之间相互委托和司法机关委托的司法鉴定业务。

（4）司法部、公安部按照《决定》精神分别出台了《司法鉴定机构登记管理办法》（司法部令第95号），《法医类 物证类 声像资料司法鉴定机构登记评审细则》（司规〔2021〕2号）及《公安机关鉴定机构登记管理办法》（公安部令第155号），对司法鉴定机构及公安机关鉴定机构的设立和管理进行了明确规定。

五、特别说明

从广义来说，司法鉴定机构和司法鉴定人包括所有在司法、公安、检察、国家安全等行政部门登记的鉴定机构及鉴定人。但在本书中，为了避免混淆和误解，在司法行政部门登记、受司法行政部门管理的鉴定机构称为"司法鉴定机构"，其鉴定人称为"司法鉴定人"；在公安机关管理部门登记、受公安机关管理的鉴定机构称为"公安机关鉴定机构"，其鉴定人称为"公安机关鉴定人"。在本书中，"司法鉴定机构"和"公安机关鉴定机构"统称为"鉴定机构"，出具的司法鉴定文书，无论是司法鉴定机构的"司法鉴定意见书"，还是公安机关鉴定机构的"鉴定书""检验报告"等，统称为"鉴定文书"，"司法鉴定人"和"公安机关鉴定人"统称为"鉴定人"。

同时因为检察机关、国家安全机关开展鉴定极少并可能涉及保密，所以本书只涉及司法鉴定机构及公安机关鉴定机构的司法鉴定内容。

第二节　司法鉴定的资质认定及实验室认可

《决定》第五条第三款明确规定"有在业务范围内进行司法鉴定所必需的依法通过计量认证或者实验室认可的检测实验室"。也就是说，如果司法鉴定项目涉及检测实验室的，那无论是司法鉴定机构还是公安机关鉴定机构，该项目必须通过计量认证（现在叫资质认定）或者实验室认可。

一、相关概念

（一）实验室

实验室是指为在科学上阐明某一现象，创造特定的条件，以便观察它的变化和结果的机构。

（二）检测实验室

检测实验室是指从事检测工作的实验室。所谓检测（测试、检验），是指对给定的产品、材料、设备、生物体、物理现象工艺过程或服务，按照规定的程序确定一种或多种特性或性能的技术操作。简而言之，检测实验室就是通过检测活动得到物品各项信息、数据、特性等的实验室。在司法鉴定活动中法医物证、法医毒物、电子物证、图像、环境检测等均属于检测实验室的鉴定项目。

（三）检验机构（也叫检查机构）

检验机构是指从事检验（检查）活动的机构。检验是指对产品、过程、服务或安装的审查，或对其设计的审查，并确定其与特定要求的符合性，或在专业判断的基础上确定其与通用要求的符合性。简而言之，检验机构就是通过对物品或特殊对象的审查、判断，得到其是否符合某个要求的机构。

简单来说，检测实验室主要是以出具检测结果为主的机构，通常情况下以依靠设备、软件、系统等客观条件开展活动为主，在司法鉴定中从事法医物证鉴定、法医毒物鉴定、毒品鉴定、微量物质鉴定、电子数据鉴定、录音/图像鉴定、环境损害鉴定等的机构都属于检测实验室。而检验机构主要是以出具审查、判断意见为主的机构，通常情况下以依靠专业人员自身能力、主观判断为主，在司法鉴定中从事法医病理鉴定、法医临床鉴定、法医精神病鉴定、法医人类学鉴定、痕迹鉴定、文件鉴定、照相检验、录像检验等的机构属于检验机构。

（四）资质认定

资质认定（CMA）是市场监督管理部门依照法律、行政法规规定，对向社会出具有证明作用的数据、结果的检验检测机构的基本条件和技术能力是否符合法定要求实施的评价许可，属政府的行政行为，是强制性要求，依据为《检验检测机构资质认定管理办法》。

（五）实验室认可

实验室认可（CNAS）是中国合格评定国家认可委员会对实验室能力的考核，承认实验室具有开展某个领域的检测/校准的技术能力，申请实验室认可属鉴定机构的自愿行为，依据为《检测和校准实验室能力认可准则》申请实验室认可（CNAS-CL01：2018），涉及司法鉴定的依据是《司法鉴定/法庭科学机构能力认可准则》（CNAS-CL08：2018）。

二、资质认定与实验室认可的异同

（一）相同点

资质认定与实验室认可的相同点包括以下三点：

（1）都是为提升机构的管理水平和技术能力，从而保证结果质量；

（2）要求的内容大部分相同；

（3）都是法律要求的从事司法鉴定的基本条件。

（二）不同点

资质认定与实验室认可的不同点有以下七点：

（1）负责主体不一样。

资质认定是由国家或省级市场监督管理部门负责组织实施（两级管理）。实验室认可机构全国只有一家，只能由中国合格评定国家认可委员会（CNAS）统一组织实施，地方无评审权。

（2）对象不一样。

资质认定针对向社会出具有证明作用的数据、结果的检验检测机构，对象是第三方机构，也只能是第三方机构。实验室认可的对象包括第一方、第二方和第三方实验室。

（3）依据不一样。

资质认定依据《检验检测机构资质认定管理办法》、《检验检测机构资质认定能力评价 检验检测机构通用要求》（RB/T 214-2017）。实验室认可依据《检测和校准实验室能力认可准则》（CNAS-CL01：2018）、《司法鉴定/法庭科学机构能力认可准则》（CNAS-CL08：2018）。无论是资质认定还是实验室认可，其要求均是由国际标准 ISO/IEC 17025 和 ISO/IEC 17020 衍生而来的，大约70%的内容是一样的。

（4）行政行为不一样。

资质认定是行政许可，属于强制力。实验室认可则是一种机构自愿行为。

（5）与国际接轨不一样。

资质认定是具有中国特色的行政许可制度，不与国际接轨。实验室认可与国际接轨，在国际上与多个国家证书通用。

（6）费用不一样。

资质认定不收费，实验室认可费用较高。

（7）标识不一样。

资质认定标识为"CMA"，实验室认可的标识为"CNAS"。

三、现今鉴定机构的资质认定与实验室认可的政策

（一）司法行政部门的规定

根据《司法部关于严格准入严格监管提高司法鉴定质量和公信力的意见》（司发〔2017〕11号）及《司法部 国家市场监管总局关于规范和推进司法鉴定认证认可工作的通知》（司发通〔2018〕89号），对司法鉴定机构开展资质认定或实验室认可的规定如下：

法人或者其他组织申请从事司法鉴定业务，或者已经审核登记的司法鉴定机构申请增加鉴定业务范围，所申请的鉴定业务范围包括法医物证、法医毒物、微量物证、环境损害鉴定的，其相应的检测实验室应当首先通过资质认定或者实验室认可。

已经在司法行政部门审核登记的司法鉴定机构，业务范围包括法医物证、法医毒物、微量物证、环境损害鉴定的，设立单位的检测实验室应当按期通过资质认定或者实验室认可，对到期未达到要求的司法鉴定机构限期整改，限期整改后仍不符合要求的，依法注销其相应的业务范围。

对于新申请或者已经审核登记的司法鉴定业务范围不是必须具备检测实验室的，可不必须通过资质认定或者实验室认可。

（二）公安机关的规定

公安机关对其鉴定机构的鉴定项目是否通过资质认定有明确要求，《公安部 市场监管总局关于规范和推进公安机关鉴定机构资质认定工作的通知》（公刑侦〔2021〕4329 号）规定如下：

（1）公安机关鉴定机构的 DNA 鉴定、理化鉴定（包括毒物、毒品和微量物质的鉴定）、声像资料鉴定（包括语音资料鉴定、声像资料鉴定）、电子数据鉴定和环境损害鉴定（以下简称"五个领域"）必须通过资质认定。

（2）公安机关鉴定机构开展的"五个领域"以外其他鉴定项目如法医类鉴定（包括法医临床、法医病理、法医人类学和法医精神病鉴定）、痕迹鉴定、文件证件鉴定、声像资料鉴定（包括照相检验、录像检验）、交通事故鉴定、心理测试、警犬鉴别等项目无须取得资质认定。之前已经通过资质认定的，市场监管部门不再受理相关资质认定的申请，如扩项、复查等，同时市场监管部门也不对其进行监督管理。

（3）"五个领域"以外的鉴定项目，公安机关鉴定机构可以出具鉴定文书，但其报告上不得加盖资质认定标志。

公安机关鉴定机构自愿通过实验室认可的，按照 CNAS 实验室认可相关要求执行，公安机关不做硬性要求。

第三节　司法鉴定的过程

司法鉴定过程分为鉴定的委托、受理、实施、出具鉴定文书和鉴定人出庭作证。

一、司法鉴定的委托

司法鉴定委托是指司法鉴定的委托主体向司法鉴定的实施主体（鉴定机构）提出进行某项司法鉴定活动的要求。

（一）委托的主体

一般情况下，司法鉴定机构依法接受司法机关、行政机关、企事业单位、社会团体和个人的委托。

由于《决定》中规定"侦查机关根据侦查工作的需要设立的鉴定机构，不得面向社会接受委托从事司法鉴定业务"，公安机关鉴定机构只能接受公安系统内部、人民法院、人民检察院、国家安全机关、司法行政机关、军队保卫部门，以及监察、海关、工商、税务、审计、卫生计生等其他行政执法机关、金融机构保卫部门、其他党委、政府职能部门委托的鉴定，不得接受企事业单位、社会团体和个人的委托。

（二）委托的对象

委托人委托鉴定时，应选择经过省级及以上司法行政部门或公安机关批准，取得司法鉴定许可证或鉴定资格证书的鉴定机构，且所委托事项应在该鉴定机构执业/鉴定范围内。鉴定机构属于检测实验室项目的，该鉴定项目还应通过资质认定或实验室认可。

（三）委托的方式

一般情况下，司法鉴定委托通常是委托人携带鉴定所需的材料（涉及伤残鉴定的，一般还需要带着被鉴定人）到鉴定机构当面委托。特殊情况下，也可以通过函件方式进行委托，例如，委托方与拟委托的鉴定机构之间路途遥远，交通不便，被鉴定人身体条件或经济条件不允许等。通过函件方式委托的，鉴定机构在受理时应加强评审，只有经过评审认为该委托符合法律规定、具备鉴定条件的，方可受理，如有必要，可视情况进行外出检验鉴定。

（四）委托的形式

根据有关规定，司法鉴定一般都要求通过书面形式委托，具体可以通过委托书、鉴定聘请书等方式进行委托。

《司法部关于印发司法鉴定文书格式的通知》（司发通〔2016〕112号）给出了司法鉴定机构的委托书的式样（详见附件1-1 司法鉴定机构司法鉴定委托书）。其内容包括委托人情况、拟委托的司法鉴定机构名称、委托鉴定事项、是否属于重新鉴定、鉴定用途、与鉴定有关的基本案情、鉴定材料、预计费用及收取方式、司法鉴定意见书发送方式及约定事项（包括鉴定材料的退还和处置、鉴定时限和鉴定风险）等。

而公安机关鉴定机构并未统一委托书的格式。由于公安机关鉴定机构受理的都是因公委托，其委托书的内容与司法鉴定机构的委托书有所区别，一般包括委托鉴定单位、委托时间、送检人情况、拟委托的鉴定机构名称、案（事）件简要情况、原鉴定情况、送检的检材和样本情况、鉴定要求和诚信声明等内容，委托书还应加盖委托鉴定单位的印章。

（五）对委托人的要求

委托人委托鉴定的，应当向鉴定机构如实介绍案（事）件情况，提供真实、完整、充分的鉴定材料（包括检材、样本、外部信息等），并对鉴定材料的真实性、合法性、有效性负责。委托鉴定事项属于重新鉴定的，应当明示。委托人不得要求或者暗示鉴定机构和鉴定人按其意图或者特定目的提供鉴定意见。委托人委托他人代理的，应当出具委托代理书。

二、司法鉴定的受理

（一）受理部门

司法鉴定机构应当统一受理办案机关的司法鉴定委托，如在鉴定机构内设受理室，或由办公室或管理室统一受理等。公安机关鉴定机构可以内设专门部门或者专门人员负责受理委托鉴定工作。

（二）受理的时限

司法鉴定机构应当自收到委托之日起七个工作日内做出是否受理的决定。对于复杂、疑难或者特殊鉴定事项的委托，司法鉴定机构可以与委托人协商决定受理的时间。而公安机关鉴定机构对受理时限并无明确的规定。

（三）受理的评审

鉴定机构应当对委托鉴定事项、鉴定材料等进行评审。评审的内容包括以下几个方面：

（1）委托主体和委托文件是否符合要求。

（2）明确委托人的鉴定要求，确认鉴定机构具备实现委托人鉴定要求的能力和资源。

（3）明确鉴定项目是否在鉴定机构的鉴定业务范围内。

（4）鉴定用途是否合法。

（5）选择满足委托方要求的鉴定标准和方法。

（6）约定鉴定的时限。

（7）查验委托人提供的鉴定材料（包括检材和样本，相关信息或资料，如案情、调查记录、人员信息、既往鉴定、诊疗记录）是否满足鉴定要求。对于鉴定材料不完整、不充分、不能满足鉴定需要的，鉴定机构可以要求委托人补充；经补充后能够满足鉴定需要的，应当受理。对于具有爆炸性、毒害性、放射性、传染性等危险的鉴定材料，应当采取措施排除或者控制危险后方可受理。

（8）明确鉴定材料返回或处理的要求。

（9）其他要求：如委托人有无相关法律法规的要求和回避事项；需进入案发、事故等现场进行工作的，委托人是否明确现场工作范围、现场完整性要求、环境条件和其他特殊要求；委托人是否要求鉴定工作需要特殊设备或特殊能力；鉴定工作中健康、安全问题和可能的风险（如鉴定活动可能对鉴定材料造成损坏的风险）。

经评审合格后，鉴定机构应当受理委托，并与委托人签订书面的鉴定协议。

具有下列情形之一的鉴定委托，鉴定机构不得受理：

（1）委托主体不符合要求的（如公安机关鉴定机构就不得受理社会的鉴定委托）。

（2）违反鉴定委托程序的。

（3）委托鉴定事项超出本机构鉴定业务范围的；鉴定要求超出本机构技术条件或者鉴定能力的；鉴定要求不符合鉴定规则或者相关鉴定技术规范的。

（4）鉴定材料不真实、不完整、不充分或者取得方式不合法的，或者鉴定材料不具备鉴定条件的或危险性未排除的。

（5）鉴定用途不合法或者违背社会公德的。

（6）委托人就同一鉴定事项同时委托其他鉴定机构进行鉴定的。

（7）其他不符合法律、法规、规章规定的情形。

司法鉴定机构决定不予受理鉴定委托的，应当向委托人说明理由，退还鉴定材料。公安机关鉴定机构对委托鉴定不受理的，应当经鉴定机构负责人批准，并向委托鉴定单位出具不予受理鉴定告知书。

（四）签订鉴定协议

司法鉴定机构决定受理鉴定委托的，应当与委托人签订司法鉴定委托书（鉴定协议），委托书的式样和内容详见本节第一部分"司法鉴定的委托"。

公安机关鉴定机构决定受理鉴定委托的，应由受理人与委托鉴定单位送检人共同填写鉴定事项确认书（鉴定协议），一式两份，鉴定机构和委托鉴定单位各持一份。公安机关鉴定机构的鉴定事项确认书并无统一的式样，但一般应包括以下内容：鉴定事项确认书编号、委托单位及送检人情况、鉴定机构全称和受理人姓名、与鉴定有关的案（事）件情况、送检材料情况（包括检材/样本的数量、状态、包装、性状以及外部信息）、鉴定要求、鉴定方法、双方约定事项（包括鉴定时限，检材和样本的消耗/损坏、退还方式，鉴定文书领取等）以及鉴定过程中的风险告知等内容。

在签订鉴定委托书或鉴定事项确认书时，鉴定机构应与委托人充分沟通，妥善解决鉴定机构的鉴定工作与委托人的委托要求之间的差异。当对鉴定材料是否适合于鉴定工作存有疑问，或当鉴定材料与所提供的描述不一致，或对所委托的鉴定事项描述不够详尽或有疑问时，鉴定机构应及时问询委托人，以得到进一步的说明或确认，并记录下讨论的内容。鉴定委托书或鉴定事项确认书中的每一项内容都应予以充分明确和记录，双方签字确认，并易于相关人员理解和执行。

（五）受理时鉴定材料的描述

受理时应对鉴定材料进行客观、准确的描述，确保相关人员在审查鉴定协议、鉴定文书时不会对送检的鉴定材料产生疑义，从而确保鉴定文书的公信力。

（1）应对送检的鉴定材料进行唯一性编号，但如果鉴定材料本身已具有其特征性和唯一性的编号，可以不再进行编号，如被鉴定人的病历、检查报告上有明确的唯一性编号的。鉴定材料的名称应与鉴定相关的材料（如病历、检查记录、现场勘验记录等）保持一致。

（2）可以进行描述的检材和样本，应对检材和样本（如种类、数量、形状、来源、包装情况、颜色等）进行描述，同时应根据检材原包装物上的内容，标明检材名称，如"标记有'××'字样的×× 1份"。颜色等判定不清的，可用"可疑斑迹"等用语加以描述。人员身份信息准确无误的，可在人员姓名后注明居民身份证号码。客观描述每一份检材在移交时的封装情况，如"外包装未破损"。必要时应对检材和样本拍照或摄像固定。

（3）委托人已经确定属性的检材，可以标明其属性，如"血斑""精斑"，并由委托人对其真实性负责，做出书面承诺。委托人不能确定属性的检材，不标明其属性，可用"可疑斑迹"等用语加以描述。

（4）当从同一类数量较多的检材中取部分检材检验时，应相应注明，如"标记有'××'字样的毛发1份，取其中2根，分别编号为×、×号"。

（5）当从同一检材的不同部位取样检验时，应相应注明，可按照"×-1、×-2、×-3"的方式进行编号或者使用连续的唯一性编号，同时做好取样记录。

（6）受理外部信息鉴定材料的，应尽可能记录其详细信息，以证明其针对性、唯一性、完整性，如受理被鉴定人的病历、CT片等医学报告的，应记录患者姓名、检查编号、共多少页等信息。

（六）受理时鉴定方法的选择

鉴定方法是鉴定活动的关键要素，鉴定方法是否有效、是否适用于鉴定项目、是否能满足委托人要求，都直接关系到鉴定活动的成败。所以在受理时，鉴定机构与委托人必须对鉴定方法进行明确的约定。

由于司法鉴定工作专业性强，委托人一般不会指定鉴定方法。在这种情况下，由鉴定机构选择鉴定方法，但应确保所选用的鉴定方法应能满足鉴定项目的要求、委托人的要求、法律法规的要求及鉴定材料实际的情况，并征得委托人的同意。如果委托人指定鉴定方法的，鉴定机构应当对其指定的鉴定方法进行评审，包括该方法是否满足委托要求、是否现行有效、是否适用于鉴定项目、机构能否正确使用该方法。当委托方提出的鉴定方法不适宜、已过时或鉴定机构无法做到时，鉴定机构应及时同委托人沟通，帮助其选择合适的方法。如果委托人坚持使用不适宜、已过时或鉴定机构无法做到的鉴定方法，原则上鉴定机构不得受理。

司法鉴定机构一般按照国家标准、行业标准和技术规范、该专业领域多数专家认可的技术方法、经确认的非标准鉴定方法的顺序选用鉴定方法。

公安机关鉴定机构一般优先选择使用标准方法（并未规定优先使用国家标准或行业标准），或国家相关行业主管部门推荐（授权）使用的方法及技术规范。没有上述标准或技术规范的，应当采用省级刑事技术管理部门批准的技术规范。鉴定机构如使用自制方法，应当在使用前进行确认。

鉴定委托和受理类似于买卖合同。委托书是指委托人发出的、要求供方（鉴定机构）提供检验鉴定服务项目的文件，类似于招标书。经供方（鉴定机构）和委托人确认受理委托后，双方之间形成了书面的、双方接受的、规定彼此职责权利义务的、需要共同遵行的协议条文，类似于合同。在司法鉴定机构的委托受理过程中，委托书包括了委托人委托及鉴定机构受理的所有内容，最终只形成一份双方确认的委托书（合同）。而在公安机关鉴定机构的委托受理过程中，委托人委托形成委托书（招标书），机构受理后形成鉴定事项确认书（合同），整个委托受理过程一共形成两份文件。

三、司法鉴定的实施

鉴定的实施是司法鉴定的核心环节，其执行的情况直接影响鉴定活动的质量。一般来说，鉴定的实施包含以下内容：

（一）指派鉴定人

鉴定机构受理鉴定委托后，应当指派本机构具有该鉴定项目执业（鉴定）资格的两名及以上鉴定人进行鉴定。对复杂、疑难或者特殊鉴定事项，可以指派多名鉴定人进行鉴定。必要时，鉴定机构可以聘请本机构以外的具有专门知识的人员参与，为鉴定提供专家意见。但应注意，聘请的外部人员仅作为专家提供意见，是鉴定人实施专业判断、形成鉴定意见过程中的参考，外部专家不得在鉴定文书上作为鉴定人签字，也不承担相应的鉴定责任（除非鉴定机构与外部专家另有协议），最终的鉴定意见还是由鉴定机构的鉴定人出具。委托人有特殊要求的，经双方协商一致，也可以从本机构中选择符合条件的鉴定人进行鉴定。

指派的鉴定人与涉及的案（事）件有利害关系，可能影响其独立、客观、公正进行鉴定的，应当回避。如：

（1）本案当事人或者当事人的近亲属的。

（2）本人或者其近亲属与本案有利害关系的。

（3）担任过本案证人、辩护人、诉讼代理人的。

（4）担任过本案侦查人员的。

（5）曾经参加过同一鉴定事项鉴定的，是重新鉴定事项的原鉴定人的。

（6）担任过本案专家证人，提供过咨询意见的；或者曾被聘请为有专门知识的人参与过同一鉴定事项法庭质证的。

（7）其他可能影响公正鉴定的情形。

涉及上述回避情况的，鉴定人应当自行提出回避申请，由鉴定机构决定；没有自行提出回避申请的，由鉴定机构决定其回避；当事人及其法定代理人也有权要求其回避。委托人对鉴定机构做出的鉴定人是否回避的决定有异议的，可以撤销鉴定委托。

（二）制定鉴定方案

鉴定人在开始鉴定工作前，应当查看鉴定协议（委托书或鉴定事项确认书），明确鉴定项目和鉴定方法，核对受理的鉴定材料，制定鉴定方案，做好鉴定的各项准备工作，如设备、试剂耗材、环境条件等。

（三）实施鉴定

鉴定人应当严格按照鉴定协议中约定的鉴定方法、技术标准实施鉴定，并全面、客观、准确、及时地记录检验鉴定的过程、方法和结果，填写好各种检验记录（包括外部专家提供专业意见的记录）。在鉴定过程中，发现需要修改调整鉴定协议的，如鉴定方法、鉴定材料的消耗有变化的，应及时通知委托人并取得委托人的同意。

检验记录是鉴定工作的起源、过程和结果的记载和证据，是对鉴定工作进行改进和追溯的依据，所以鉴定活动中的检验记录尤为重要。一是复核鉴定工作的需要，二是为之后查明鉴定工作是否有效提供客观证据。

检验记录可以采取笔记、电子、录音、录像、拍照等方式。记录的格式及内容应当真实、客观、准确、完整、清晰。记录的内容应包括从鉴定材料的接收到出具鉴定文书各项工作过程中的全部信息和原始数据，如鉴定方法和过程，检查、检验、检测的时间、人员及结果，以及仪器设备使用情况等，并全程确保鉴定材料与鉴定文书的对应性。鉴定过程中的阳性发现必须记录，对鉴定结果有甄别作用的阴性结果也应记录。多人参加鉴定，鉴定人有不同意见的，或者检验过程中发生异常现象或意外情况，均应在检验记录中注明。

支持鉴定意见和结果的照片、影像、比对图表及形成过程（包括特征的标识或说明、制作人、制作日期等）等信息必须记录。如法医临床鉴定中的损伤特征、肢体功能可能出现动态变化时（如消失、好转等），且该改变或损伤特征又是判断依据时，除文字记录外，还应通过照相或录像方式保存鉴定时的发现，并配以必要的比例尺或其他标识便于核查；痕迹鉴定中的特征比对照片等。由计算机直接输出的原始记录或图谱，应注明检材（或检验）编号、检验日期，并有相关人员的签名或等效标识。

记录必须有相关人员的签名或等效标识及实施日期。记录的文本资料、电子资料、音像资料等应当存入鉴定档案。

（四）鉴定的时限

司法鉴定机构应当自司法鉴定委托书生效之日起三十个工作日内完成鉴定。鉴定事项涉及复杂、疑难、特殊技术问题或者鉴定过程需要较长时间的，经鉴定机构负责人批准，完成鉴定的时限可以延长，延长时限一般不得超过三十个工作日，鉴定时限延长的，应当及时告知委托人。司法鉴定机构与委托人对鉴定时限另有约定的，从其约定。在鉴定过程中补充或者重新提取鉴定材料所需的时间，不计入鉴定时限。

公安机关鉴定机构应当在受理鉴定委托之日起十五个工作日内完成鉴定、做出鉴定意见，出具鉴定文书。法律法规、技术规程另有规定，或者侦查破案、诉讼活动有特别需要，或者鉴定内容复杂、疑难及检材数量较大的，鉴定机构可以与委托人另行约定鉴定时限。需要补充检材、样本的，鉴定时限从检材、样本补充齐全之日起计算。

第四节　鉴定文书

一、鉴定文书的概念

鉴定文书是鉴定机构和鉴定人依照法定条件和程序，运用科学技术或者专门知识对诉讼中涉及的专门性问题进行分析、鉴别和判断后出具的记录和反映鉴定过程和鉴定意见的书面载体。鉴定文书是鉴定机构提交给委托方的最终"产品"，其确立了鉴定机构和利益相关人之间的法律责任，其质量直接关系到文书的使用风险、利益相关人员的切身利益及鉴定机构的信誉和应承担的法律责任。

二、鉴定文书的特征

鉴定人完成鉴定后，必须以书面形式出具检验结果或鉴定意见。鉴定文书即反映鉴定委托受理、鉴定过程、鉴定方法、检验结果或鉴定意见的一种具有法律意义的文书，是一种法定证据形式。鉴定文书具有下列特征：

（一）制作主体的特定性

鉴定文书应当由进行鉴定的鉴定人按照法律法规的要求制作。鉴定人应当对自己制作的鉴定文书负法律责任，并应具有相应执业（或鉴定）资格。

（二）自身的法律性

鉴定文书是司法文书的一种，具有法律性、证据性，因此其必须力求符合国家行文标准，保证法律的严肃性、严谨性。

（三）内容的科学性

检验鉴定的过程、结果和鉴定意见能通过鉴定文书科学、客观、准确、全面、公正地记录和表述。

（四）形式的规范性

鉴定文书必须按照统一规定的格式等规范制作。鉴定文书的规范化可促进检验鉴定质量的提高，有利于国际交流，提高鉴定文书的可读性、可比性，有利于信息的收集、存储、处理、加工、检查、利用、交流、传播，有利于档案的管理、信息的再利用和共享，进而有利于司法鉴定/法庭科学技术的研究和发展。

三、鉴定文书规范的内容

（一）鉴定文书制作主体规范

鉴定文书制作主体应具备司法鉴定人执业/鉴定人资格或由司法、侦查机关临时特聘，具有一定的专业知识和技能，并在其专业范围内完成鉴定的鉴定人。

（二）鉴定文书制作规范

鉴定文书制作规范表现在文书的种类、形式、内容、结构、用纸、规格、用语表达、签名、用印、附件等。

（三）鉴定文书的法律效力

检验鉴定工作从受理到鉴定文书形成都需要遵循一定的规范和法律程序，只有严格按照这些规范和程序进行操作，鉴定文书才具有法律意义，产生法律效力。违反或超越这些规范和程序时，鉴定文书应当被视为无效，不能作为法律依据或呈堂证据。

四、鉴定文书规范的意义

规范的鉴定文书可以确保检验结果、鉴定意见的准确，保证鉴定质量，也可以提升鉴定文书及鉴定机构、鉴定人的公信力。试想一下，一份有笔误（如打错字）、有计算错误的鉴定文书，就算最后鉴定意见是正确的，法官、利益相关方也会质疑鉴定文书的可信性。

五、鉴定文书的称谓

不同鉴定机构对鉴定文书的称谓有所不同。

（一）司法鉴定机构对鉴定文书的称谓

司法部于 2016 年 11 月 21 日发布了《司法部关于印发司法鉴定文书格式的通知》（司发通〔2016〕112 号），明确规定了司法鉴定委托书、司法鉴定意见书等 7 种文书格式，自 2017 年 3 月 1 日起执行。按照该通知规定，司法鉴定机构出具的鉴定文书，无论其内容是只报告结果或是除报告结果外还有分析说明和鉴定意见，都只有一种格式，其称谓为"司法鉴定意见书"。

（二）公安机关鉴定机构对鉴定文书的称谓

公安机关鉴定机构将鉴定文书分为鉴定书和检验报告两种格式。客观反映鉴定的由来、鉴定过程，经过检验、论证得出鉴定意见的，出具鉴定书。客观反映鉴定的由来、鉴定过程，经过检验直接得出检验结果的，出具检验报告。

鉴定书主要是指经过检验后，鉴定人经过主观分析、判断得出明确鉴定意见的鉴定文书。如法医损伤致残程度鉴定，是以损伤治疗后果或者结局为依据，客观评价组织器官缺失和/或功能障碍程度（如测量伤口等），科学分析损伤与残疾之间的因果关系，再与相关人体损伤致残程度分级标准进行比较，给出鉴定意见。这种鉴定以鉴定人的主观分析判定为主。

检验报告则是鉴定人经过检验直接得出的检验结果，无须进行主观分析和判断，如理化检验中检验出什么物质，鉴定人就直接写在检验报告中。

检验报告与鉴定书在内容上的区别在于，检验报告中只有检验结果，鉴定书中除了检验结果外，还应当写明必要的论证和鉴定意见，但两者都属于公安机关的鉴定文书。

总之，司法鉴定机构的鉴定文书只有一种，就是司法鉴定意见书；公安机关鉴定机构的鉴定文书有两种格式，一是鉴定书，二是检验报告。

六、鉴定文书的格式和内容

不同的鉴定机构出具的鉴定文书格式和内容有所不同。

（一）司法鉴定机构出具的司法鉴定意见书

1. 格式

司法鉴定意见书应使用 A4 纸打印制作，文内字体为 4 号仿宋，两端对齐，段首空两格，行间距一般为 1.5 倍。

2. 内容

司法鉴定意见书应包括鉴定意见书的封面、声明、正文、附件等。（模板详见附件 1-2　司法鉴定机构司法鉴定意见书式样）

（1）封面。封面上部应标出司法鉴定机构全称以及"司法鉴定意见书"字样。封面下部应标出司法鉴定机构许可证号。

（2）声明。司法鉴定机构对鉴定过程、鉴定公正性、鉴定风险、鉴定意见书的使用等进行必要的声明。如"司法鉴定意见书是否作为定案或者认定事实的根据，取决于办案机关的审查判断，司法鉴定机构和司法鉴定人无权干涉。""鉴定意见属于鉴定人的专业意见。当事人对鉴定意见有异议，应当通过庭审质证或者申请重新鉴定、补充鉴定等方式解决。"等。

（3）正文。正文应包括标题、基本情况、基本案情、资料摘要、鉴定过程、分析说明、鉴定意见、附件、落款等。

①标题。标题包括司法鉴定机构全称、"司法鉴定意见书"字样和编

号。编号按照司法鉴定机构管理体系的要求制定，可由司法鉴定机构缩略名、年份、专业缩略语和序号等组成。

②基本情况。基本情况应当简要说明委托人、委托事项、受理日期、鉴定材料、被鉴定人等。鉴定材料应当客观写明委托人提供的与委托鉴定事项有关的检材和样本、相关信息资料的简要情况，有必要的，应注明鉴定材料的出处。

③基本案情。基本案情应写明委托鉴定事项所涉及的案（事）件的简要情况，描述应客观、简明。

④资料摘要。资料摘要应当摘录与鉴定事项有关的鉴定资料，如法医鉴定的病史摘要等。如鉴定项目不涉及此项的，可不列出此项。

⑤鉴定过程。鉴定过程应当客观、翔实、有条理地描述鉴定活动发生的过程，（包括人员、时间、地点、内容、方法），鉴定材料的选取、处理、使用，采用的技术标准、技术规范或者技术方法，检查、检验、检测使用的仪器设备、方法和得出的客观检验结果等。

⑥分析说明。分析说明应当详细阐明鉴定人根据有关科学理论知识，通过对鉴定材料的检查、检验、检测，依据鉴定标准，参照专家意见等进行鉴别、判断、综合分析、逻辑推理，得出鉴定意见的过程。分析说明应有良好的科学性、逻辑性，必要时应指明被引用资料的出处。

⑦鉴定意见。鉴定意见是指鉴定人综合各项检验结果，经过分析、判断、推理等做出的明确的专业性意见。鉴定意见应当明确、具体、规范，具有针对性和适用性。

⑧附件。对正文中需要解释或描述的内容，可在附件中做出说明，如被鉴定人照片，与检验鉴定有关的关键图表、照片以及有关音像资料，参考文献等的目录，司法鉴定机构许可证及司法鉴定人执业证的证明材料等。附件是司法鉴定意见书的组成部分，一般附在司法鉴定意见书正文之后。

⑨落款。落款应当注明司法鉴定人签名、司法鉴定人执业证证号及日期。

在司法鉴定意见书的最后应列出全部参与检验鉴定的具有执业资格的司法鉴定人及其司法鉴定人执业证证号，并由本人在打印的姓名后亲笔签名。落款中列出的具有执业资格的鉴定人应为两人（含两人）以上。在鉴定人下方打印鉴定文书形成日期。

应当注意的是，《司法部关于印发司法鉴定文书格式的通知》（司发通〔2016〕112号）中明确说明，各省级司法行政部门或司法鉴定协会可以根据不同鉴定类别及专业特点制定具体的格式，司法鉴定机构也可以根据实际情况做合理增减、调整。也就是说，该通知给出的司法鉴定意见书的格式和内容只是一种建议，非强制性规定，只要司法鉴定机构出具的鉴定文书格式及内容能满足该通知中的基本要求即可，可以与该通知给出的模板样式不一致。

3. 其他要求

关于司法鉴定机构出具的司法鉴定意见书的其他要求如下：

（1）鉴定文书应使用符合国家通用语言文字规范、通用专业术语规范和法律规范的用语，使用少数民族语言文字的，应当符合少数民族语言文字规范。

（2）使用国家标准计量单位和符号。

（3）文字精练，用词准确，语句通顺，描述客观、清晰。

（4）落款应当与正文同页，不得使用"此页无正文"字样。

（5）不得有涂改。

（二）公安机关鉴定机构出具的鉴定文书

公安机关鉴定机构出具的鉴定文书格式详见附件1-3 公安机关鉴定文书式样。

1. 格式

制作鉴定文书采用 GB/T 788 中规定的 A4 型纸，其成品幅面尺寸为 210 mm × 297 mm。必要时允许采用其他幅面尺寸。鉴定文书按照 GB/T 9704 规格排版。

2. 内容

检验报告的内容包括封面、声明、正文（含标题、绪论、检验、检验结果、鉴定人署名及日期）、附件四部分。

鉴定书的内容包括封面、声明、正文（含标题、绪论、检验、论证、鉴定意见、鉴定人署名及日期）、附件四部分。

（1）封面。检验报告和鉴定书的封面版式、格式相同。封面上部应标出"鉴定文书"字样，下部标出鉴定机构全称。

（2）声明。检验报告和鉴定书的声明相同，主要为鉴定机构对鉴定意见、检材和样本、鉴定文书使用等进行的必要的声明。如："本鉴定文书的鉴定意见仅对受理的检材和样本有效。""如对本鉴定文书的鉴定意见有异议或者疑问，请与本鉴定机构联系。""未经本鉴定机构的书面同意，任何单位或者个人不得部分复印本鉴定文书（全部复印除外）。"等。

（3）正文。检验报告的正文包括标题、绪论、检验、检验结果、鉴定人署名及日期。鉴定书的正文包括含标题、绪论、检验、论证、鉴定意见、鉴定人署名及日期。

检验报告和鉴定书正文的不同之处在于：一是检验报告没有论证部分，出具的是检验结果，而鉴定书有论证部分，出具的是鉴定意见；二是检验报告中"检验""检验结果"是分列的两个部分，而在鉴定书中，"检验"部分包含了"检验过程"和"检验结果"两个部分。

①标题。标题包括鉴定机构全称、"鉴定书"或"检验报告"字样和发文编号。发文编号按照鉴定机构管理体系要求的编号规则编号，可由单位简称、年份和发文字号等组成。应注意发文字号中的顺序号不加

"第"字，不编虚位（1 不编为 01），在阿拉伯数字后加"号"字。如发文字号一般为"×公鉴（痕迹）字〔2022〕1 号"，而不写成"×公鉴（痕迹）字〔2022〕第 01 号"。

②绪论。绪论包括以下内容：委托单位、送检人、受理日期、案（事）件情况摘要、检材和样本、鉴定要求、检验开始日期及检验地点。

委托单位。依照送检人填写的鉴定委托书和鉴定事项确认书，完整填写委托单位名称。但应注意委托单位名称应与委托书上印章显示的单位名称一致。

送检人。写明全部送检人姓名，应至少为两人送检。《公安机关鉴定规则》规定，委托鉴定单位应当指派熟悉案（事）件情况的两名办案人员送检。这里指的"办案人员"应为具有编制的正式民警，文职、辅警不在此列，所以此处应是两名送检民警的姓名。

受理日期。受理日期指鉴定机构完成鉴定委托受理的日期。当委托单位分多批次送交检材和样本时，可根据实际情况分别列出鉴定委托受理的日期。如"送检 1、2 号检材于 2021 年 6 月 29 日受理，3、4 号检材于 2022 年 1 月 28 日受理。"

案（事）件情况摘要。依照送检人填写的鉴定委托书和鉴定事项确认书上的有关内容，对案（事）件情况进行客观、简明的描述。案（事）件情况摘要中不应包含直接确定案件相关信息的内容，如"张三将李四杀死"，一般都是客观描述案（事）件情况，如"李四被人发现死亡，经现场勘查，为他杀"或者"李四被人杀死"等描述。

检材和样本。依照送检人填写的鉴定委托书和鉴定事项确认书上的有关内容，逐项如实列出送检的检材和样本，包括受理时的唯一性编号。检材和样本的名称和描述应与现场勘验记录、检查记录、扣押物品清单、鉴定委托书、鉴定事项确认书和现场勘验等保持一致。

鉴定要求。鉴定要求指委托单位对所送检材和样本要求检验、鉴定的内容，如"DNA 检验""指纹鉴定""损伤程度鉴定"等。对于重新鉴定的案（事）件，应写明原鉴定单位、原鉴定结果（意见）以及重新鉴定的原因、重新鉴定的内容。

检验开始日期。检验开始日期指鉴定机构开始进行检验的日期。当委托单位分多批次送交检材和样本时，可根据实际情况分别列出检验开始日期，如果跨年多次委托、检验，必要时可增加不同批次检材和样本的检验完成日期。如"送检 1 至 9 号检材于 2021 年 7 月 1 日开始检验，于 2021 年 7 月 15 日完成检验；10 至 15 号检材于 2022 年 1 月 30 日开始检验，于 2022 年 2 月 10 日完成检验"。

检验地点。检验地点是指鉴定机构开展检验的地点，一般可以采取"鉴定机构全称某某（如痕迹）实验室"的方式。但应注意，如果鉴定文书页眉或页脚有地址、电话、邮编、发文号、页码等内容的，检验地点应与鉴定文书页眉或页脚的地址保持一致。

③检验。检验过程应客观描述对检材和样本所使用的检验方法、标准以及所使用的主要仪器等。

④检验结果。检验结果应逐项列出对检材和样本所进行的各项检验的客观结果。

⑤论证。论证指为鉴定意见提供科学依据的，在所得到的检验结果基础上进行的科学分析。论证部分可对检验鉴定中涉及的相关专业的原理、概念进行简要说明，以便于使用者更好地理解之后的鉴定意见。

⑥鉴定意见。鉴定意见是指鉴定人综合各项检验结果做出的明确的专业性意见，包括"肯定性意见"（如被鉴定人的伤残属于哪个等级）"否定性意见"（如某个检材的 DNA 不是某人所留）以及"无法判断的意见"（如检材指印不具备同一认定条件）。

需要说明的是，在 2012 年新的刑事诉讼法、民事诉讼法及 2015 年新的行政诉讼法出台前，鉴定机构一般使用的是"鉴定结论"这个说法。

但因"鉴定结论"给人一种终结性的意味，似乎其内容不容辩驳、不可更改，所以在新的刑事诉讼法、民事诉讼法及行政诉讼法中将"鉴定结论"修改成了"鉴定意见"，以强调这是鉴定人的个人主观认识、看法和判断，这样更符合鉴定活动的本质特征。既然是"鉴定意见"，那么就可以有不同的"意见"，也可以进行鉴定人出庭质证。

⑦落款。落款包括鉴定人的署名和日期。

鉴定人的署名。鉴定人的署名应列出全部参与检验鉴定的具有鉴定资格的鉴定人及授权签字人的专业技术资格或者职称，并由本人用黑色签字笔或钢笔在打印的姓名后签名。鉴定文书中列出的具有鉴定资格的鉴定人应为两人（含两人）以上。

日期。在鉴定人下方打印鉴定文书形成日期。鉴定文书形成日期以鉴定文书出具日为准。

两个（含两个）以上鉴定机构的鉴定人参加的鉴定，由主持鉴定的鉴定机构出具鉴定文书，使用主持鉴定的鉴定机构的发文编号和鉴定专用章。按照主持鉴定的鉴定机构在前的原则依次排列鉴定机构及其鉴定人，鉴定人均应在鉴定文书上签名，并注明所在鉴定机构的名称。

⑧附件。附件作为对鉴定文书正文的补充，用来表述与检验鉴定有关，但未包含在鉴定文书正文中的内容，如检材照片、特征比对照片、鉴定机构资格证书复印件、鉴定人资格证书复印件等。

3. 其他要求

关于公安机关鉴定机构出具的鉴定文书的其他要求如下：

（1）鉴定文书中文字、表格的颜色应为黑色。图像、照片等可使用彩色。

（2）鉴定文书不得使用"此页无正文"字样。

（3）鉴定文书的语言表述应当使用符合国家通用语言文字规范、通用专业术语规范和法律规范的用语。使用少数民族语言文字的，应当符合少数民族语言文字规范。

（4）鉴定文书应当文字简练、表述准确、论证充分、图片清晰、资料齐全、卷面整洁。

（5）鉴定文书应当使用国家标准计量单位和符号。

（6）当鉴定文书正文排版后所剩空白处不能容下印章或鉴定人签名、成文日期时，可以采取调整行距、字距的措施解决。

（7）鉴定文书正文每页应有的唯一性编号和每一页的标识（如第几页共几页），以保持鉴定文书的完整性。

七、鉴定文书的复核

（一）复核的人员

鉴定文书至少实行鉴定人、复核人二级审核制度，也有实行鉴定人、复核人、签发人或授权签字人三级审核制度的，甚至还有实行鉴定人、复核人、签发人或授权签字人、机构负责人四级审核制度的。司法鉴定实行鉴定人终身负责制，从法律上来讲，所有在鉴定文书上列名的鉴定人对其鉴定行为和出具的鉴定文书应承担相同的法律责任。但在实际工作中，一般是第一鉴定人对鉴定意见承担主要责任，其他鉴定人承担次要责任。鉴定人完成鉴定后，由具备相应资质的人员对鉴定程序和鉴定意见进行复核，提出复核意见并签名；对于涉及复杂、疑难、特殊技术问题或者重新鉴定的鉴定事项，可以组织三名以上的专家进行复核。复核人、签发人或授权签字人对鉴定意见承担连带责任。

（二）复核审查的内容

复核人、签发人或授权签字人等对鉴定文书进行复核审查，其内容包括：

（1）委托主体的合法性；

（2）委托鉴定的项目与鉴定机构执业范围、技术能力的匹配性；

（3）指派鉴定人的资质、人数与鉴定要求的匹配性，是否存在回避事项；

（4）受理及出具鉴定文书的时效性，受理委托或完成鉴定是否超时；

（5）鉴定过程及鉴定档案的真实性、准确性和完整性（包括从委托受理到出具鉴定文书的过程中的所有记录和信息）；

（6）检验记录的真实性、客观性、准确性和完整性；

（7）鉴定材料处置及现场勘查、身体检查和样本取证等与鉴定要求的符合性；

（8）鉴定文书采用标准依据的正确性、内容的完整性、与原始记录的一致性、使用方法的适宜性、鉴定过程的符合性、结果或意见的正确性和完整性及格式的规范性。

（三）复核审查的流程

鉴定人应先制作鉴定文书审批稿并将相关鉴定档案（包括委托受理记录、检验鉴定记录、材料等）交复核人审核。当复核人的复核意见与鉴定意见不一致或者存在重大分歧时，鉴定机构应当暂停签发该鉴定文书并组织鉴定人按照复核意见认真核查鉴定意见，必要时组织相关专业鉴定人（必要时可邀请外部专家）会商论证，鉴定意见确实存在问题和瑕疵的，鉴定人应当及时进行纠正。鉴定人不认同复核意见，坚持鉴定意见的应当注明。鉴定文书审批稿复核通过后，由鉴定人制作正式的鉴定文书。

（四）复核人复核意见的表达

复核人的审核记录应表明，鉴定中每个关键的发现、支持鉴定意见的结果和/或数据、分析判断和说明、鉴定意见都已经过审核。复核意见可以通过多种方式表达，如逐项或总体的意见，以及针对性的说明等。复核记录的方式可以是单独制作司法鉴定复核意见书或审批表，也可以是在司法鉴定意见书审批稿、检查检验记录上标记复核意见。所有的审核记录均应签名并存入鉴定档案。

八、鉴定文书的用印

一般来说，鉴定人完成鉴定后制作鉴定文书，经复核后用印视为生效。鉴定文书的用印涉及两个方面：一个是鉴定专用章，这个是每份鉴定文书都必须盖的；一个是资质认定标志或者 CNAS 标识，这个只有通过了资质认定或实验室认可的鉴定项目才可以使用。

（一）鉴定专用印章

鉴定机构的鉴定专用印章，仅用于鉴定机构出具的鉴定文书，不得用于其他用途。

1. 司法鉴定机构用印规定

（1）印章的式样和规格。

司法鉴定专用章有司法鉴定专用章红印和钢印两种印模。司法鉴定专用章红印和钢印均为圆形，制作规格为直径 4 厘米，中央刊五角星，五角星上方刊司法鉴定机构名称，自左向右呈环行；五角星下方刊司法鉴定专用章字样，自左向右横排。印文中的汉字应当使用国务院公布的简化字，字体为宋体。民族自治地区司法鉴定机构的司法鉴定专用章印文应当并列刊汉字和当地通用的少数民族文字。司法鉴定机构的司法鉴定专用章应当经登记管理机关备案后启用。

（2）用印的要求。

司法鉴定文书应当同时加盖司法鉴定机构的司法鉴定专用章红印和钢印两种印模。司法鉴定文书正文标题下方编号处应当加盖司法鉴定机构的司法鉴定专用章钢印；司法鉴定文书各页之间应当加盖司法鉴定机构的司法鉴定专用章红印，作为骑缝章；司法鉴定文书制作日期处应当加盖司法鉴定机构的司法鉴定专用章红印。

2. 公安机关鉴定机构用印规定

（1）印章的式样和规格。

公安机关鉴定机构的鉴定专用印章一律为圆形，直径为4.2厘米；中央刊五角星，五角星半径为0.8厘米（±0.1厘米）；五角星上部自左向右环形刊鉴定机构全称，五角星正下方自左向右刊"鉴定专用章"字样。专用印章所刊汉字，应当使用国务院公布的简化字，字体为宋体。实行民族区域自治地方的公安机关所属司法鉴定机构的专用印章，可以并刊汉字和相应的民族文字。印文一般用红色。制发鉴定专用印章，应当严格办理程序和审批手续。

（2）用印的要求。

鉴定文书在正文首页发文号和末页成文日期上加盖鉴定专用章。鉴定文书内页纸张两页以上的，应当在内页纸张正面右侧边缘中部骑缝加盖鉴定专用章。

（二）资质认定标志

1. 使用范围

司法鉴定机构的法医物证、法医毒物、微量物证、环境损害鉴定等项目如通过了资质认定的，应在其司法鉴定意见书上使用资质认定标志。

公安机关鉴定机构的DNA鉴定，理化鉴定（包括毒物、毒品和微量物质的鉴定）、声像资料鉴定（仅限语音资料鉴定、影像资料鉴定）、电子数据鉴定和环境损害鉴定项目在通过资质认定后应在其鉴定文书上使用资质认定标志，其他鉴定项目无须取得资质认定，不得使用资质认定标志。

2. 资质认定标志的制作

资质认定标志由CMA三个英文字母形成的图形和资质认定证书编号两部分组成，图形和编号不能分开使用，由鉴定机构按要求自行制作。具体要求如下：

（1）标志的图形。

资质认定标志的图形由英文字母 CMA 组成，C 为外框，图形下面为资质认定证书编号（见图 1-1）。

22000703××××

图 1-1 资质认定标志的图形

资质认定证书编号由 12 位数字组成，其中第 1 至第 2 位数字代表发证年份后两位代码，如 2022 年代码为 22；第 3 至第 4 位数字代表发证机关代码，如"00"代表国家认监委；第 5 至第 6 位数字代表专业领域类别代码，如"06"代表公安刑事技术，"07"代表司法鉴定；第 7 至第 8 位数字代表行业主管部门代码，如"02"代表公安，"03"代表司法；第 9 至第 12 位数字代表发证流水号，从"0001"开始按数字顺序排列。

（2）标志的规格。

标志的基本尺寸见《检验检测机构资质认定 标志及其使用要求》中的相关规定。标志包括标志图形和证书编号，其颜色建议为红色、蓝色或者黑色，标志上下部分的颜色应一致。

（3）标志大小。

资质认定标志应符合《检验检测机构资质认定 标志及其使用要求》中规定的尺寸比例，可以根据情况放大或缩小尺寸，但不可更改标志比例。

（4）标志字母的含义。

CMA 是 China Inspection Body and Laboratory Mandatory Approval 的英文缩写。

3. 资质认定标志的使用

（1）资质认定标志应加盖（或印刷）在鉴定文书封面或正文首页上部适当位置。

（2）应保证资质认定标志的完整，确保资质认定标志的颜色清晰可辨，并准确、清晰标注证书编号。

（3）使用资质认定标志时，应确保资质认定证书上的鉴定机构名称与鉴定文书上的鉴定机构名称或徽标一致。

（4）带资质认定标志的鉴定文书应由资质认定授权签字人在其授权范围内签发。

（三）CNAS 认可标识

1. 使用范围

鉴定机构通过 CNAS 认可后，在认可范围和认可有效期内可在鉴定文书上使用 CNAS 认可标识。但应注意，CNAS 认可标识的使用与资质认定标志的使用要求不同。通过了实验室认可的项目，鉴定机构可以选择是否在其鉴定文书上使用 CNAS 认可标识，可使用也可不使用。但通过了资质认定的项目，鉴定机构必须在其鉴定文书上使用资质认定标志。

2. 认可标识式样

CNAS 认可标识的图形见图 1-2。其中，"IB"代表检验机构（IN-SPECTION BODY）认可，"××××"为认可流水号。

检验

CNAS IB××××

图 1-2　CNAS 认可标识的图形

CNAS 秘书处向通过认可的鉴定机构提供 CNAS 认可标识式样，供其使用。认可标识可按比例放大或缩小，应清晰可辨，其基本颜色为蓝色或黑色。

3. 认可标识的使用

（1）鉴定机构应将 CNAS 认可标识置于其签发的鉴定文书首页上部适当的位置，可采用印刷、图文和印章等方式。

（2）鉴定机构应以认可证书上标注的机构名称或 CNAS 同意的名称使用 CNAS 认可标识。

（3）鉴定机构应保证 CNAS 认可标识的完整性。

（4）带 CNAS 认可标识的鉴定文书应由认可的授权签字人在其授权范围内签发。

九、鉴定文书的制作和发送

司法鉴定机构和司法鉴定人应当按照规定的统一文本格式制作司法鉴定意见书。司法鉴定意见书应当为打印文本，一式四份，三份交委托人收执，一份由司法鉴定机构存档。

公安机关鉴定机构的鉴定文书使用打印文稿，制作正本、副本各一份。正本交委托鉴定单位，副本由鉴定机构存档。

鉴定文书制作完成后，鉴定机构应当及时通知委托方领取，或者按约定的方式送达委托方（如邮寄）。对于重要的鉴定文书或有鉴定材料需要一并返回的，为了防止其在邮寄过程中遗失，鉴定机构一般要求委托方或其代理人亲自领取。鉴定文书和鉴定材料的领取情况，由领取人和鉴定机构经办人分别签字确认，如是邮寄方式的，鉴定机构应详细记录邮寄的信息并保存邮寄凭证。

委托人对鉴定文书中的鉴定过程、检验结果、鉴定意见提出询问的，鉴定机构和鉴定人应当给予解释或者说明，如解释鉴定意见的具体含义和使用注意事项。

十、鉴定文书的存档

由于鉴定意见在案件审理过程中占有重要作用，有些案件甚至结案后数年、数十年，仍然需要查询鉴定时的有关情况，如鉴定使用的方法、鉴定时获取的原始数据、形成检验结果或鉴定意见的过程、鉴定文书的存档副本、检验记录、内部审核、签发过程等均是经常需要查询的信息。因此，鉴定文书及其相关资料应长期保存，以备核查。同时，鉴定文书档案资料对于开展司法鉴定相关问题研究也有很高的学术价值。

在鉴定完成后，鉴定机构应当按照规定将鉴定文书以及有关资料整理立卷、归档保管。存档文件包括鉴定委托受理记录（如鉴定委托书或/和鉴定事项确认书）、与委托人沟通的所有记录、检验记录、检验结果和/或数据、图谱、所利用的外部信息或资料、鉴定材料的记录（如鉴定材料照片或者其复制件）及其"保管链"记录（包括接受、内部传递、返还或其他处置记录）、鉴定文书审批稿、鉴定文书审核记录、鉴定文书副本等资料。存档的鉴定资料应编制目录或备考表，如发生档案内容增加或丢失，应及时在目录或备考表中注明。

对于存档的鉴定文书及其资料的保存时间，司法行政部门未做明确规定，一般是长期保存。公安机关的鉴定资料一般保存三十年，但涉及国家秘密没有解密的，未破获的刑事案件，可能或者实际被判处有期徒刑十年以上、无期徒刑、死刑的案件，特别重大的火灾、交通事故、责任事故和自然灾害，办案部门或者鉴定机构认为有永久保存必要的，以及法律、法规规定的其他情形的应当永久保存鉴定资料。

鉴定机构应对鉴定档案进行登记、归档，并分类保存，便于查找。保存鉴定档案的场所、设施应安全和保密，避免丢失，注意防火、防潮、防虫蛀鼠咬、防辐射。音像记录、电子记录等应当保存在适宜的场所、设施中（如防磁设施），避免原始信息或者数据丢失或者被改动。鉴定机构应建立鉴定档案的借阅和归还制度。借阅鉴定档案时须严格办理借阅手续，经机构相关负责人同意方可借阅，避免鉴定档案被遗失、毁损和泄密。

十一、鉴定文书的补正或修改

司法鉴定机构的司法鉴定意见书出具后，发现图像、谱图、表格不清晰的，签名、盖章或者编号不符合制作要求的，或文字表达有瑕疵或者错别字但不影响司法鉴定意见的，司法鉴定机构可以进行补正。补正应当在原司法鉴定意见书上进行，由至少一名司法鉴定人在补正处签名。必要时，可以出具补正书（其样式模板见附件1-4　司法鉴定机构司法鉴定意见补正书）。对司法鉴定意见书进行补正，不得改变司法鉴定意见的原意。

如果司法鉴定意见书修改内容较多或者需修改鉴定意见的，一般由司法鉴定机构重新制作、出具新的司法鉴定意见书进行替换。新的司法鉴定意见书应有唯一性标识，并注明所代替的原件。

对公安机关鉴定机构更正鉴定文书，并无统一的规定。与司法鉴定机构不同的是，在发现出具的鉴定文书有错后，公安机关鉴定机构很少在原鉴定文书上进行修改，一般是出具更正函或者重新出具鉴定文书。重新出具鉴定文书的，新出的鉴定文书应有唯一性标识，并注明所代替的原件。

更正函或重新出具的鉴定文书在发送前，应按鉴定文书审核的要求由相关人员重新进行审核，鉴定机构应留存相应的副本，有条件的，应收回原鉴定文书注明"作废保留"后归档保存。

第五节　鉴定人出庭

根据相关法律法规，鉴定人出庭作证是鉴定人的法定义务，也是诉讼活动中非常重要的一项程序制度。在诉讼中，公诉人、当事人或者辩护人、诉讼代理人对鉴定意见有异议的，或者人民法院认为鉴定人有必要出庭的，经人民法院依法通知，鉴定人应当出庭作证。经人民法院通知，鉴定人没有正当理由拒不出庭作证的，鉴定意见不得作为定案的根据，涉及民事诉讼的，支付鉴定费用的当事人可以要求返还鉴定费用。

鉴定机构应当支持鉴定人出庭作证，为鉴定人依法出庭提供必要条件。涉及危害国家安全犯罪、恐怖活动犯罪、黑社会性质的组织犯罪、毒品犯罪等案件，鉴定人因在诉讼中作证，本人或者其近亲属的人身安全面临危险的，人民法院、人民检察院和公安机关应当采取不公开鉴定人真实姓名、住址和工作单位等个人信息，出庭时不暴露鉴定人外貌、真实声音等，禁止特定的人员接触鉴定人及其近亲属，对鉴定人人身和住宅采取专门性保护等一项或多项保护措施来保证鉴定人的安全。

鉴定人出庭作证，应当举止文明，遵守法庭纪律。

鉴定人出庭作证，仅限回答与鉴定有关的询问。鉴定人在法庭上对自己做出的检验结果或鉴定意见，从科学依据、鉴定步骤、鉴定方法、可靠程度等方面进行解释和说明，并在法庭上当面回答质询和提问，以便法官能够更好地审查鉴定意见的可信度，或对几个不同的鉴定意见进行分析对比，从中采信正确的鉴定意见。

鉴定人依法出庭作证，可以收取因履行出庭作证义务而支出的交通、住宿、就餐、误工等必要费用。

附件 1-1　司法鉴定机构司法鉴定委托书

司法鉴定委托书

编号：＿＿＿＿＿＿

委托人		联系人 （电话）	
联系地址		承办人	
司法鉴定 机构	名　称： 地　址： 联系人：		邮　编： 联系电话：
委托鉴定 事项			
是否属于 重新鉴定			
鉴定用途			
与鉴定有关的 基本案情			
鉴定材料			

预计费用及收取方式	预计收费总金额：¥：_____，大写：_____。
司法鉴定意见书发送方式	□自取 □邮寄　地址： □其他方式（说明）

约定事项：

1.（1）关于鉴定材料：

□所有鉴定材料无须退还。

□鉴定材料须完整、无损坏地退还委托人。

□因鉴定需要，鉴定材料可能会损坏、耗尽，导致无法完整退还。

□对保管和使用鉴定材料的特殊要求：_____。

（2）关于剩余鉴定材料：

□委托人于_____周内自行取回。委托人未按时取回的，鉴定机构有权自行处理。

□鉴定机构自行处理。如需要发生处理费的，按有关收费标准或协商收取_____元处理费。

□其他方式：

2. 鉴定时限：

□____年____月____日之前完成鉴定，提交司法鉴定意见书。

□从该委托书生效之日起_____个工作日内完成鉴定，提交司法鉴定意见书。

注：鉴定过程中补充或者重新提取鉴定材料所需的时间，不计入鉴定时限。

3. 需要回避的鉴定人：_____，回避事由：_____。

4. 经双方协商一致，鉴定过程中可变更委托书内容。

5. 其他约定事项：

鉴定风险提示	1. 鉴定意见属于专家的专业意见，是否被采信取决于办案机关的审查和判断，鉴定人和鉴定机构无权干涉； 2. 由于受鉴定材料或者其他因素限制，并非所有的鉴定都能得出明确的鉴定意见； 3. 鉴定活动遵循依法独立、客观、公正的原则，只对鉴定材料和案件事实负责，不会考虑是否有利于任何一方当事人。
其他需要说明的事项	
委托人 （承办人签名或者盖章） 年 月 日	司法鉴定机构 （签名、盖章） 年 月 日

附件 1-2　司法鉴定机构司法鉴定意见书式样

×××司法鉴定中心（所）

司法鉴定意见书

司法鉴定机构许可证号：

声　明

1. 司法鉴定机构和司法鉴定人根据法律、法规和规章的规定，按照鉴定的科学规律和技术操作规范，依法独立、客观、公正进行鉴定并出具鉴定意见，不受任何个人或者组织的非法干预。

2. 司法鉴定意见书是否作为定案或者认定事实的根据，取决于办案机关的审查判断，司法鉴定机构和司法鉴定人无权干涉。

3. 使用司法鉴定意见书，应当保持其完整性和严肃性。

4. 鉴定意见属于鉴定人的专业意见。当事人对鉴定意见有异议，应当通过庭审质证或者申请重新鉴定、补充鉴定等方式解决。

　　地　址：××省××市××路××号（邮政编码：000000）
　　联系电话：000-00000000

×××司法鉴定中心（所）

司法鉴定意见书

编号：_____（司法鉴定专用章）_____

一、基本情况

二、基本案情

三、资料摘要

四、鉴定过程

五、分析说明

六、鉴定意见

七、附件

司法鉴定人签名（打印文本和亲笔签名）

及司法鉴定人执业证证号（司法鉴定专用章）

年 月 日

共 页第 页

附件1-3　公安机关鉴定文书式样

鉴 定 文 书

鉴定机构全称

本鉴定机构声明：

1. 本鉴定文书的鉴定意见仅对受理的检材和样本有效。

2. 如对本鉴定文书的鉴定意见有异议或者疑问，请与本鉴定机构联系。

3. 未经本鉴定机构的书面同意，任何单位或者个人不得部分复印本鉴定文书（全部复印除外）。

鉴定机构全称

鉴定书

编号：（加盖鉴定专用章）

一、绪论

（一）委托单位：

（二）送检人：

（三）受理日期：

（四）案（事）件情况摘要：

（五）检材和样本：

（六）鉴定要求：

（七）检验开始日期：

（八）检验地点：

二、检验

三、论证

四、鉴定意见

附件：

鉴定人：专业技术资格或者职称　×××（签字）

专业技术资格或者职称　×××（签字）

授权签字人：专业技术资格或者职称　×××（签字）

年　月　日

（加盖鉴定专用章）

第　页　共　页

附件：

<table>
<tr>
<td>送检检材
原大或者
比例照片</td>
<td>送检检材比例放大照片</td>
</tr>
</table>

照片一　×××检材照片

<table>
<tr>
<td>送检样本
原大或者
比例照片</td>
<td>送检样本比例放大照片</td>
</tr>
</table>

照片二　×××样本照片

标示特征的照片

标示特征的照片

照片三　×××特征比对照片

第　页　共　页

鉴定机构全称

检验报告

编号：（加盖鉴定专用章）

一、绪论

（一）委托单位：

（二）送检人：

（三）受理日期：

（四）案（事）件情况摘要：

（五）检材和样本：

（六）鉴定要求：

（七）检验开始日期：

（八）检验地点：

二、检验

三、检验结果

附件：

鉴定人：专业技术资格或者职称 ×××（签名）

专业技术资格或者职称 ×××（签名）

授权签字人：专业技术资格或者职称 ×××（签名）

年 月 日

（加盖鉴定专用章）

附件 1-4　司法鉴定机构司法鉴定意见补正书

×××司法鉴定中心（所）

司法鉴定意见补正书

（编号）

×××（委托人）：

根据贵单位委托，我中心（所）已完成鉴定并出具了司法鉴定意见书（编号：　　）。我中心（所）现发现该司法鉴定意见书存在以下不影响鉴定意见原意的瑕疵性问题，现予以补正：

1.（需补正的具体位置、补正理由及补正结果）

2.（需补正的具体位置、补正理由及补正结果）

3.（需补正的具体位置、补正理由及补正结果）

……

附件：（如补正后的图像、谱图、表格等）

司法鉴定人签名（打印文本和亲笔签名）

及司鉴定人执业证证号

×××司法鉴定中心（所）（司法鉴定专用章）

年　月　日

第二章　文件检验鉴定书

本章主要对文件检验鉴定中涉及的基本概念和检验方法进行解析和说明，其中着重对检验鉴定原理和各类检验鉴定方法、检验鉴定步骤进行介绍，对常见文件检验鉴定文书的种类、检验内容、鉴定结果以及出具检验鉴定结果的要求进行具体分析讲解，让学习者能够快速读懂文件检验鉴定文书，并熟练使用文检鉴定文书。本章也可供相关的基础课程教学和法律从业者参考使用。

第一节　文件检验鉴定概论

本节主要对文件检验鉴定的基本概念进行简单的介绍，让大家在解读鉴定文书时能够更加直观地了解鉴定文书涵盖的知识内容，认识文件检验鉴定的实际作用。

一、文件的概念、种类

文件一般指机关单位、企事业单位、商业团体或个人，在生产、工作和生活中形成和使用的各种书面材料。在刑事科学技术和司法鉴定领域，文件作为一类检验鉴定对象，泛指一切以文字、图形为表现形式的书证和物证。书证以文件的内容来证明案（事）件的事实，物证以文件的物质特性来证明案（事）件事实。

文件的种类主要包括公私文件、书报期刊、货币票证以及文字标记和记载语言内容的材料等。公务文件是机关、团体、企事业单位为处理公共事务而制作和使用的文件；私人文件是个人或家庭为记载与处理私人事务而制作和使用的文件；书报期刊是国内外有关部门、单位发行的出版物；货币票证是指由相关部门制作、发行的证券、票据及其他凭证；文字标记和记载语言内容的材料是指写有或者印有文字标记的各类载体，如金属、塑料、纸张、木板等。

二、文件与案（事）件的关系

文件是记录事务、表达思想、沟通交际、支持社会活动的手段。在案（事）件中文件能够作为实施违法犯罪等活动的一种手段，如假证件、假医嘱、反动标语、传单等；文件也可以是违法犯罪分子出于各种不同的犯罪目的直接侵害的对象，如伪造货币、篡改票证、破坏文物等；还有犯罪分子为了掩盖犯罪事实，搅乱侦查，利用文件作为隐蔽罪行、逃避惩罚的手段，如涂改的文件、账单，匿名信等；部分情况下也有犯罪分子或被害人将文件遗落在犯罪现场或有关场所，如掉在现场的账单、书信、票据等。

三、文件检验鉴定的作用

文件检验鉴定属于司法鉴定的范畴。它是指公安机关、检察机关、审判机关和国家安全机关为了解决与文件有关的专门问题，委托具有文件检验学专门知识和技能的人，对文件物证所做的科学鉴别和判断。文件检验鉴定的任务是通过检验确定案件事实从而为侦查提供线索，为起诉和审判提供证据，如揭露违法犯罪行为，澄清案件性质，为确定侦查方向、范围提供依据，澄清嫌疑，认定作案人或有关人，印证其他证据。

文件检验鉴定作为一种物证在案（事）件中发挥着重要的作用，在实践中文件物证的鉴定意见是直接作为法庭证据使用的。文件检验鉴定意见作用有以下四个方面：一是可以判定案件的性质。文件鉴定意见能够认定案（事）件中罪与非罪、民事纠纷中错与非错。如某项合同上的印章真伪鉴定可以判定此项合同是否真实，如果合同印章印文鉴定为真则系公司行为，如果鉴定为假说明此项公司活动中有违法犯罪行为发生。二是鉴定意见能够认定案（事）件中的当事人。如文件检验中的笔迹鉴定可以直接认定案（事）件中涉案材料的书写人，或者可以认定出案（事）件中涉案人员为几人。三是可以证明案（事）件中使用的作案手段。如通过污损篡改文件检验鉴定找出文件的特征点来判断文件是否为篡改形成等。四是通过鉴定来证明案（事）件的时间、地点。如使用模糊字迹显现等方法可以将案（事）件中文件材料上无法肉眼识别的信息数据显现出来，为侦查破案提供依据和线索。

第二节　常用文件检验鉴定书的种类

文件检验鉴定按专业方向分类主要有笔迹、印章印文、印刷文件、污损篡改文件、特种文件、朱墨时序、模糊记载等的检验鉴定。在工作实践中常用的文件检验鉴定对象主要有三类：笔迹、印章印文和污损篡改文件。因为本章重点为常用检验鉴定文书务实，所以主要介绍实践中常用的笔迹检验鉴定、印章印文检验鉴定和污损篡改文件检验鉴定这三个文检专业方向的相关内容以及各自的重点要求。

一、笔迹检验

笔迹检验是司法鉴定和刑事侦查的一种重要的专业手段。其对象是书写文件上的多种笔迹，通过两部分笔迹之间的比较鉴别，确定其是否是同一人的笔迹。

（一）笔迹概念

笔迹是指书写活动形成的具有个人特点的文字符号的形象系统。人的书写技能和习惯是经过长期的训练获得的，而笔迹是个人书写技能和书写习惯通过书写活动外化成的文字符号现象。笔迹的本质是个人笔迹所固有的，具有区别于他人笔迹的特性。笔迹是我们能够看到的笔迹的具体形象。而这个形象不会始终保持某种固定的形态。

（二）笔迹检验原理及作用

笔迹检验原理：笔迹的反映性是检验的物质基础；自身的同一性是检验的基本条件；总体的特殊性是检验的鉴别依据。

笔迹检验的作用：认定物证笔迹的书写人；根据笔迹鉴别文件的真伪；利用笔迹串并案件；根据笔迹断定参与作案的人数；通过笔迹发现对象的行踪；物证笔迹与嫌疑人的样本笔迹是否同一人书写；一份文件上的几部分笔迹是否同一人书写；多份文件物证上的笔迹是否同一人书写。

（三）笔迹特征

笔迹鉴定文书能够作为法庭证据使用的主要依据是笔迹特征，笔迹特征也是笔迹检验鉴定的基础。笔迹特征的认识、评断和使用直接决定检验鉴定的结论。笔迹特征可分为静态特征和动态特征，静态特征主要有运笔、笔顺、写法、搭配比例、错别字特征等；笔迹的动态特征主要是笔痕特征，以及书写时笔和载体间的压力和倾斜角度等方面的特征。

1. 运笔特征

运笔特征是指完成每一个笔画和连笔动作时，从起笔、运行到收笔所表现的形态特点，包括起笔、收笔动作，行笔动作和连笔动作。

2. 笔顺特征

笔顺是指笔画或偏旁之间的先后书写顺序。按发生笔顺的部位，可分为笔画的笔顺和偏旁的笔顺；按笔顺的性质，可分为符合笔顺规则的规范笔顺、为适应书体要求而使用的通用笔顺和明显违反笔顺规则的特殊笔顺等。

3. 写法特征

文字写法是指一个字或一个符号的基本构成形式，即是由哪些笔画、偏旁以什么样的结构形式组成的。汉字结构复杂，字体多样，字的不同写法主要包括规范写法、异体写法、习俗写法、草书写法、外来写法、缩写写法等。

4. 搭配比例特征

搭配比例特征是指一个字或符号的笔画或偏旁之间的相对位置和大小关系。搭配特征是指笔画或偏旁之间相对位置、距离的特征。比例特征是指笔画或偏旁之间大小、长短、宽窄的比例关系。

5. 错别字特征

错别字包括错字和别字两个种类。由于笔迹检验涉及中低水平的笔迹较多，所以错别字是笔迹检验中经常使用的特征，也是相对质量较高的特征。

6. 笔痕特征

笔痕是笔迹的微观细节特征，是个人书写动作作用于笔后反映在笔画中的现象。使用圆珠笔、钢笔等书写的字迹可能反映出笔痕特征，主要表现为墨点、白点，墨线、白线，划痕、压痕，粗细、浓淡等。

（四）笔迹样本的提取

1. 笔迹样本的提取要求

笔迹样本材料的提取非常重要，直接影响到检验鉴定工作的顺利开展和检验鉴定意见的准确性。在实践中发现，样本的错误提取往往会直接造成鉴定的失误。用错误或者不准确的样本和检材进行比对得到的结论必然是错误或者不准确的。所以，在提取样本时不能掉以轻心，必须严格按照提取样本的相关程序进行。提取笔迹应审查样本的有关情况，包括：样本的书写人是否明确；样本是自然样本还是实验样本，是案前样本还是案后样本，以及样本真实书写时间；样本的具体数量，是否涵盖案（事）件书写人的各个书写时间阶段；样本状态是否明确，是否存在破损、污染；等等。

2. 笔迹样本材料的分类

笔迹样本材料主要分为案前笔迹样本和案后笔迹样本（案后笔迹样本还包括案后平时书写材料和案后实验样本材料）。案前材料是指在案件发生日期之前书写的字迹材料。这一类材料的真实性、可靠性强，极少有当事书写人在书写涉案字迹之前就对自己的固有笔迹进行伪装。案后样本是在案（事）件发生日期之后当事书写人书写的各类字迹材料。因为案（事）件已经发生，书写当事人出于警惕可能会有意改变或者伪装自己的书写习惯，甚至有部分书写水平极高的当事人本身具备两种或者两种以上的字迹字体书写能力。这种情况下当事人会刻意回避案（事）件发生时的字迹字体。因此案后出现的字迹样本材料存在不能真实全面地反映书写人的固有书写习惯的可能性。值得注意的是"案前"包含了案件发生时和案件被发现时两个不同的概念。这里的"案前"可以放宽到案件被发现时是因为在案（事）件发生时，当事书写人一般不会立即对自己的固有笔迹进行伪装或者隐匿，但案件被发现时，当事书写人对自己的笔迹材料进行伪装或者隐匿的可能性非常大，因此在案件被发现之前提取到的样本能够较准确地反映出书写人的固有习惯。当然还得注意提取的材料必须与案（事）件时间接近，例如用十几年甚至几十年之前的学生时期的字迹材料作为样本与检材进行比对是缺乏准确性的。虽然人的书写习惯有稳定性，但是在足够长的时间段里，书写的特征是会产生变化的，特别是学生时期书写本身就是在学习和练习阶段，大部分人在成年后稳定成形的笔迹会与学生时期的笔迹有较大的区别。

3. 案后样本的选择

在案前、案后样本均无法正常提取的特殊情况下，例如外来人员、身份不明人员均无法从个人档案或者日常工作生活中找到相关的字迹样本材料，需要制作书写实验样本来获取书写人的字迹样本材料。特别要注意的是，实验样本的制作有以下四个要求：一是切忌照抄，不能直接将案（事）件检材直接交当事人照抄，这样会造成书写人模仿检材字迹或者刻意回避检材字迹书写特征。二是要对检材内容进行分解，重新编辑出一篇与案（事）件检材内容不相关，但又有涉案材料相同文字的材料作为实验样本。三是最好不让当事人察觉到是在进行实验样本的提取，可以采取听写或者传达相关内容后默写的方式进行。四是在制做实验书写样本材料时要对当事书写人的书写速度、神态、动作等做记录，在整个书写过程中对其运笔过程进行摄像。

4. 笔迹样本的甄别

笔迹样本材料由送检方负责搜集、提取，但是样本的搜集、提取这个过程本身也是一个去伪存真的检验鉴定过程。特别要注意的是，个人档案、生活工作笔迹材料中提取到的字迹不一定就是当事人本人书写的。例如一些学校时期的个人心得体会有可能是他人代笔的，工作中的个人总结、工资领条等也有同事帮忙填写的情况，因此在搜集笔迹样本材料时一定要进行甄别，不能先入为主地认为只要是个人档案材料或者学习、工作中的笔迹材料就是当事人本人书写的。在核对是否为本人书写后还应该注意的一点是样本必须充分，提取的样本材料的书写时间须涵盖案（事）件发生的时间段，这个时间段内的字迹特征稳定可靠。并且提取的样本材料要包括书写当事人不同字体的字迹材料，如书写人有练字的习惯，不同的材料会使用不同的字体，在这种情况下需要全面地搜集书写当事人的不同字体的字迹材料。

二、印章印文检验

(一) 印章印文的概念

印章是由镌有文字、线条或者图案的印面和便于手持的印柄构成的。印章又叫图章、印信、印戳、印记等。它是党政军、社会团体、企事业单位和个人等表明文件的真实性，承认权利、义务和证明某种用途的工具。印章盖印在文件或其他物面上形成的文字图案叫印文。印文是印章印面在文件上留下的印迹。文件上的印文通常为盖印印文，有的是压凸印文，部分情况下也使用印刷印文。印文是文件真实有效的一种凭证。

(二) 印章印文检验的任务和作用

对可疑印章或可疑文件上的印文进行检验鉴定，可以根据印文进行印章的同一认定；判断伪造印章、印文的方法，为确定印章和文件的真伪提供依据；通过印章的同一认定，确认印文的内容，为侦破伪造的印章、印文提供线索和依据。

(三) 印章的分类

印章按照性质和用途可以分为公章、名章等；按照材质可以分为金属类印章、动物角骨类印章、矿物质类印章、木质类印章、橡胶印章、塑料印章、树脂印章等；按照印油使用方式可以分为蘸印印章、储墨印章、无印油印章；按照印文形状可以分为圆形印章、椭圆形印章、方形印章、矩形印章、三角形印章、不规则形印章；按照制作工艺可以分为雕刻法制印章、腐蚀法制印章、注塑法制印章、成型粉热压法印章、光敏法印章；按照印面的整体性可以分为固定印面印章、日期印章、活字组合印章等。

(四) 印文的种类

盖印印文有两种，一种是蘸墨印章盖印的印文，主要有雕刻印章和照相制版印章；一种是储墨印章盖印的印文，主要有原子印章和光敏印章。印凸印文是利用钢印印章的凸模和凹模从正反面同时挤压文件所形成的无色印痕。印凸印文一般用于证件和证书。印刷印文常见于批量发行的工业印制品上，如发票、证件和公文等。

（五）印章印文的细节特征

1. 印文防伪线特征

防伪线是印章印面防伪的一种设置，大多是在利用制章软件编辑印文式样时随机加注的细小线条，可以分布于印文的各个部分，如印章的五角星等徽记图案、边框、文字等。

2. 印文徽记特征

根据国家法律法规的有关规定，不同机构不同部门的印章在印面中央刊有国徽、党徽、五角星等徽记图案，并有规格尺寸的要求。这类较特殊的图案就是徽记特征。值得注意的是，部分印章也会在印文内加入较复杂或者比较细微的徽记作为防伪使用。

3. 印文瑕疵特征

五角星等徽记图案上的刀痕、笔画与边框边缘的凹凸等都可视为制章瑕疵。激光雕刻印章常出现的瑕疵有印文笔画残缺、留白处刻制线条等。在检验实践中应对印文瑕疵特征进行分析，因为印章印面在黏附杂质时进行盖印也会对应在纸张上留下特殊的瑕疵特征。这一类的瑕疵特征会因为对印章面的清理而失去，因此是不稳定和非本质的特征，不能作为印章印文的固有特征进行使用。

4. 印文底纹印迹特征

印文留白处线条通常被称作"底纹"，是激光雕刻印章印文中常见的一种印迹特征。底纹不是故意设置的特征，是制章制作工艺过程中留下的，但是这种特征在印章制成后会稳定地存在章面上。值得注意的是，在使用次数足够多和时间足够长的情况下，底纹特征也会相应磨损，因此在检验鉴定时要注意印章使用的时间和特征的变化情况。

5. 印文外围系统特征

储墨印章因为有储油墨结构所以在印章章体外还有外框系统，在盖印时外框系统的边缘也会因油墨的黏附在承载面上留下印迹。这一类因盖印产生但又不是印文内容的印迹就是印文外围系统特征。

（六）仿制印章的检验要点

如今的违法犯罪手段呈现出智能化和技术化趋势，伪造高仿印章印文就是犯罪分子作案的手段之一。常见伪造印章的手段包括手工仿刻印章、照相制版复制印章、翻晒树脂版复制印章、图像扫描制版复制印章、复制原子印章、挖补拼接仿刻印章等；常见伪造印文的方法有誊写油印、描绘、复写复印、转印、图像扫描打印印文、丝网印刷伪造印文、拼凑盖印伪造印文等。凡需要通过对可疑印文与样本印文进行比较检验，确定它们是否为同一枚印章盖印时，都需要分析和比较印文所反映的印章印面特征，包括印文的规格特征、细节特征、可变性印迹特征等。由于印章盖印时压力、角度、油墨量、衬垫物的不同及印章自身变化，同一枚印章不可能盖出两枚完全相同的印文。印章与印文既有对应性，又有变化性。因此检验印章印文时要分清因印章材质的胀缩性产生的变化，因盖印的机械作用不同产生的变化，印章洗刷前后印文的变化，因色料不同引起的变化，因衬垫物不同引起的变化，印章受外力作用引起的变化，盖印后印文发生的变化等。在检验鉴定时需要充分掌握以上检验要点。

三、污损篡改文件检验

（一）污损篡改文件的基本概念及检验作用

污损篡改文件是指受人为、自然条件的影响而被污染、损坏或发生其他变化的文件，包括撕碎、烧毁、挖补改贴、浸泡粘连、涂改、掩盖、污染、擦刮、消退或留有字迹压痕的文件。

污损篡改文件检验的作用包括：检验有污损篡改嫌疑的文件，以便证实文件的真伪；检验文件的模糊记载，显示出真实的文件原始内容，为侦查线索和证实相关书证证据提供支撑。

（二）污损篡改文件的种类

污损篡改文件中篡改文件的种类较多，在这里做详细的介绍。篡改文件即在原始真实文件的基础上，采用各种作伪的手段对原真实文件的局部内容加以改变形成的内容虚假的可疑文件。常见的手段有添加、擦刮、消退、涂改、掩盖、拼凑、粘贴、挖补、换页、拆封等。根据篡改手段的不同，可分为添改文件、擦刮文件、拼接文件、消退文件、挖补文件、掩盖文件、换页文件、拆封文件、模糊记载文件等。具体介绍如下：

1. 添改文件

添改文件指采用添加、改写等手段在原始文件的基础上添加部分内容对原始真实文件的局部内容加以改变形成的内容虚假的可疑文件。

2. 擦刮文件

擦刮文件指利用工具，例如刀片、牙签、橡皮擦等，采用刮、擦等手段对原文件的局部内容加以改变形成的内容虚假的可疑文件。

3. 拼接文件

拼接文件指利用一份或多份原真实文件的局部内容，采用剪接、拼凑、多次复制等手段直接拼接，或利用图像处理软件进行剪裁、拼接后形成的内容虚假的可疑文件。

4. 消退文件

消退文件指采用化学或物理消退手段消除原真实文件的局部内容，必要时添加所需内容形成的内容虚假的可疑文件。

5. 挖补文件

挖补文件指采用挖补、粘贴等手段去除原真实文件的局部内容，后在补贴上所需虚假内容形成的内容虚假的可疑文件。

6. 掩盖文件

掩盖文件指采用各种涂抹、遮掩等手段对原真实文件的局部内容加以改变形成的内容虚假的可疑文件。

7. 换页文件

换页文件指采用抽取、替换等手段对原真实文件的局部内容加以改变形成的内容虚假的可疑文件。

8. 拆封文件

拆封文件指对已经密封的文件，采用一定手段拆封后替换或抽去有关内容后再密封复原形成的可疑文件。

9. 模糊记载文件

模糊记载文件指因各种原因使原真实文件上的字迹或者图文模糊，不能通过肉眼直观判定的可疑文件。

（三）污损篡改文件的提取

污损篡改文件的提取和处理是污损篡改文件检验鉴定学中的重要环节。污损篡改文件本身的属性已经被物理手段或者化学手段改变，在提取和处理时方法和措施不当极容易造成文件的进一步损坏或者灭失，因此在提取污损篡改文件时应当根据实际情况按提取和处理的流程方法进行。

1. 一般污损文件的提取和存放

一般污损文件是指性状正常的文件。提取的方法如下：

（1）提取之前应当对文件进行拍照或摄像，确保文件的原始情况被客观地记录。

（2）要尽量保持原貌，不再增加新的痕迹，在提取时无法避免而留下的痕迹应当进行详细的记录。

（3）文件未经他人触摸过时，应该带专业手套提取，为其他检验保存条件。

（4）不能对文件进行折叠和揉搓，文件本身有折痕的依照原样折叠保存。

（5）不能直接在文件上做标记符号，需要记录和标注的另外附页进行说明。

（6）文件存放在大小合适的纸袋里，避免对提取的文件造成挤压，文字说明在装袋前写好，避免在文件上留下书写说明时的印痕。

2. 浸湿文件的提取和处理

浸湿文件的提取和处理方法如下：

（1）提取之前应当对文件进行拍照或摄像，确保文件的原始情况被客观地记录。

（2）漂浮于水面的文件应用面积大于文件的塑料板或玻璃板轻轻插入文件下方，先一端附于平板上再斜着托起。

（3）折叠的或揉成团的浸湿文件包括浸泡后又干涸的文件应用清水浸泡后再剥离、展开或用低温冷冻法进行提取。

（4）提取烧毁文件时，应该尽量在现成构建的防风防震动环境进行多波段光源拍照取证。

（5）提取破碎文件时，应该将破碎文件按文件内容和纸张形状等进行拼接提取。

（四）污损篡改文件的检验方法

污损篡改文件检验不能仅依据检验人员直观目测，需要使用文件检验专业设备。实践中污损篡改文件的常见检验方法主要有：

1. 添改文件

对添改文件可利用光学、理化检验确定不同色料的特性进行检验。

2. 挖补文件

对挖补文件，可通过显微观察进行检验，也可利用纸张材料的光学、理化特性检验。

3. 拼凑复印件

对拼凑复印件，可显微放大后观察其特征。

4. 模糊记载文件

模糊字迹显现和辨读需要依靠专用文件检验仪器设备进行。针对不同的文件材料，使用的方法也不相同。对褪色字迹，可以使用专业设备进行分色检验、荧光检验以及化学检验等显现辨读文件的真实原始内容。对被掩盖的字迹，根据掩盖层的材料情况可以使用透光检验、红外线检验、文字色料转移、涂层消除等方法进行检验。

第三节　文件检验鉴定书各要素解析

鉴定意见通常是通过鉴定鉴定书的形式加以表达的。鉴定文书是否具有规定的相应内容将直接影响鉴定意见的证据力。在诉讼过程中作为当事人能接触到的结论性的材料必定是文书形式，文书实际就是做出鉴定意见的一种说明。但是无论隶属于哪个检验鉴定部门的一份鉴定书最终的形成都是非常严格的，必须履行规范的审核和检验鉴定流程。鉴定书除了鉴定文书正本外还包括检验鉴定过程的流转文书、检验记录、鉴定审批表以及鉴定文书副本等。一份正式的鉴定书以上要素缺一不可。流转文书和鉴定审批表确保检验鉴定过程的规范合法，检验记录则真实地还原了检验人员检验鉴定的过程。2 名以上鉴定人独立鉴定并形成记录，可以确保检验鉴定的准确性、可靠性。本章涉及的鉴定过程相关流转文书表格参见第一章相关附件。

一、案件的受理

鉴定机构应评价实验室现有资源是否满足鉴定要求，以决定是否受理案件。启动受理后鉴定机构应按以下要求受理鉴定委托：鉴定机构应取得鉴定项目的法庭科学领域文件鉴定的资质；鉴定机构应指派具备文件鉴定专业技术知识的人员受理鉴定委托；受理人应在委托人提供了介绍信、委托书等手续，并出示能够证明其身份的证件后才能受理该项送检。

不予受理的情况：检材明显不具备鉴定条件；样本明显不具备比对条件；鉴定要求不明确；委托方故意隐瞒与鉴定相关的重要情况；在委托方要求的时限内不能完成鉴定；实验室现有条件不能满足鉴定要求；经审查鉴定要求不属于文件鉴定范围；法律法规规定的其他不得受理的情况。决定不受理时应向委托人说明原因；不能当场决定是否受理的，可接收送检材料后进行会诊再确定，但须与委托人办理送检材料交接手续。

决定受理后，鉴定机构应与委托人签订鉴定委托书。案件受理后，鉴定机构应按登记规则进行统一登记。决定正式受理的案件，应进行唯一性编号，并按送检材料的标识要求对送检材料进行逐一标识。

（一）受理鉴定人的情况

文件鉴定人是鉴定活动的主体，是运用文件检验鉴定学的科学方法、科学技能对鉴定对象的客观属性进行鉴定的人员。鉴定人应当具备鉴定人资格，并有一定的检验鉴定经验。鉴定人资格是指按照法律、法规、规章及条例的规定，通过法定的审批手续、注册手续而取得的进行鉴定的法定资格。检验鉴定经验可以认为是鉴定人的资历，如鉴定人应具备较高的专业理论水平，应接受过专业学科技术培训，能够熟练运用该专业技术并有较丰富的工作经验。

（二）受理应注意的其他情况

受理时应按以下可能的途径了解与鉴定有关的情况，可能的途径包括委托方对鉴定相关情况的介绍、有关人员的当面陈述、查阅案（事）件卷宗、实地勘验和调查。与鉴定有关的情况包括：案（事）件发生的经过、性质及其他相关情况，有关当事人对送检材料的形成、发现和提取等情况的陈述，提出鉴定的当事人的有关情况及送检材料中争议的内容和提出鉴定的原因，另外如果送检材料非初次鉴定的，需要了解历次鉴定的情况。

二、鉴定文书绪论

鉴定文书绪论部分主要对委托受理的情况进行描述，包括送检委托人信息、案（事）件简要情况、委托鉴定的检材和样本的情况以及委托鉴定的要求。以下着重介绍简要案情和送检材料的准备和审核情况。

（一）简要案情

了解简要案情是检验鉴定工作的第一步，案情分析也是检验鉴定中必不可少的一部分内容。这里所指的案情不仅是送检人介绍的案（事）件情况，也是检验鉴定人员基于对案情的充分认识，在公正、客观的基础上向涉案（事）件人员了解的案（事）件的相关细节。介绍简要案情及送检事由有利于检验鉴定的开展。如果是刑事案件要将案件发生的时间、地点、涉案人员以及案件经过做一介绍，并对送检案（事）件原因进行说明，但不能在简要案情中有结论性的叙述。如果是民事纠纷案（事）件则需要对当事双方就文件物证的认识情况进行阐述，如果是法院指定鉴定机构进行鉴定，也应说明双方发生纠纷的争议点。无论何种情况，简要案情均要求叙述准确、清楚，不能长篇累述，更不能有观点性或评论性的语句。检验鉴定人员直接将送检人员介绍的案情作为案情分析写入鉴定书绪论部分，甚至作为定案依据是草率的，这样会在检验鉴定过程中先入为主，直接影响检验鉴定结论。案情必须经过检验鉴定人员核实后较客观地描述在绪论中。

（二）送检材料的准备和审核

送检材料一般指案（事）件中的文件物证及其他需要检验鉴定的对象，在对其进行检验鉴定后能成为向案件提供支撑的书证或者物证。原则上使用文件原件作为检验检材。无论何种文件如果不是原件就有被变造的可能性。如果检材是印章印文类时，在复制后印文可能出现变形或清晰度变差，甚至有的案例中是将原文件进行拼接或遮盖后再进行复印，那么此时的检材文件已经不具有原始状态属性，本身的真实性就有问题。当检材是笔迹文件时，复制会让笔迹检材本来的细节特征模糊或者丢失，例如字迹的抖动和弯曲等特征在复制后不能再直接显现出来。但如果检材本身有相关证据证明是真实的，并且有充足的高质量的复制材料如清晰度高的照片和复印件等，那么可以根据复制件检验鉴定方法进行鉴定。此外，审查检材还应注意：检材的来源，即检材的提供、发现及保存等情况；检材具体数量；检材的状态，即检材的状态是否明确，有无破损、污染等情况。

如果案（事）件中需要鉴定的材料数量巨大，可以采取抽样送检的方式。检材数量巨大会影响检验鉴定时效，为了及时出具检验鉴定意见并且确保鉴定的准确性，可以根据检材文件的情况进行抽样。原则上根据检材的书写时间、票面金额、不同部门等属性进行抽样，并且应在绪论的简要案情中进行说明。在刑事案件中划定嫌疑范围确定嫌疑检材时，也应该采取缩小侦查范围从最关键的人员中选取检材的方法，切忌广撒网式地进行送检鉴定，以确保鉴定准确有效。

由于其部分检材文件特殊性，需要检验鉴定人员到现场进行检验鉴定。一是因为按保管部门的要求不能调出鉴定的，如银行、工商、税务等部门的存档文件。这种情况下可以让鉴定人员到保管部门进行现场检验鉴定。二是部分检材的载体无法进行实物提取的，如书写在墙面、电线杆等特殊载体上的字迹。除了采用拍照测量等方法进行提取和固定外，最好要求检验鉴定人员到现场进行初步的检验鉴定。

另外鉴定人员在开展检验鉴定工作时应该严格按照送检材料的流转程序进行保管和流转。因为送检材料是案（事）件物证，部分案（事）件中文件检材甚至是唯一证据，所以妥善做好送检材料的保管和流转是必要的，也是对检验鉴定工作的规范化要求。

三、检验部分

文件检验鉴定的过程是整个鉴定行为的关键环节，直接影响是否能够出具鉴定文书并且获得何种结论。检验鉴定文书主要记载专业检验的简要内容，详尽的检验过程一般反映在独立的检验记录当中。鉴定文书反映了2名及以上专业鉴定人员独立检验后形成统一意见，并经复核审批的过程。

（一）鉴定标准的介绍

在检验鉴定文书中检验部分首先需要注明本次检验鉴定所使用的方法及标准。按照《中华人民共和国标准化法》的定义，标准是指各项专业领域中需要统一的技术要求。标准包括国家标准、行业标准等。目前我国能够进行文件检验鉴定的部门主要有公安局、检察院、司法部门。各个部门根据自身情况选择相应的鉴定标准，但是无论何种标准都应经过严格评审论证后发布。

（二）鉴定标准的选择

文件检验鉴定中使用的标准主要有国家标准（GB）、行业标准（GA）以及系统内部发布的标准（例如公安部）。通常情况下选用标准的顺序为：国标、行标、系统内部发布的标准。有国标和行标时优先选用国标和行标，没有国标和行标时可以自主制定部门内部标准。在有国标和行标时，制定的部门标准必须高于国标和行标方可使用。

（三）笔迹检验

笔迹检验文书中的检验部分是整个文书的关键，也是最终能形成文书的依据。笔迹检验文书检验过程既是对检材样本比对结果的介绍和阐述，也是运用鉴定方法按照鉴定标准最终获取鉴定意见的过程。在解析笔迹文书时我们要着重注意文书的检验部分是否已经完整涵盖了以下几个方面的情况。

1. 笔迹材料的选取

首先笔迹检验文书的检验部分要分析物证笔迹，初步检验物证笔迹材料是否清晰完整，是否具备检验条件。检验条件稍差的也应尽可能予以检验鉴定，而对字数很少又模糊不清，不具备检验条件的材料可以不予受理。其次符合检验条件的应当了解笔迹本身的情况，对于可能混有他人笔迹的材料应了解哪部分是涉案人的字迹，哪部分是其他人员的字迹。对于照片、复印件类的笔迹材料应向送检人员了解某些笔画的连接、搭配及笔顺关系。此外还需要了解物证笔迹的原始状况，即对直接书写在某些其他物体上的字迹应了解它的原始状态，如字迹位置、倾斜方向、字迹大小以及使用什么工具在何种物体上书写，物体表面状况等，必要时可以到现场进行实地勘查。还需了解物证笔迹在提取、运送过程中是否发生变化及发生变化的程度等。最后，须核对物证笔迹材料的数量和名称并进行登记。

笔迹检验是通过检材笔迹和样本笔迹之间的比较来进行的，因此取得符合质量要求的笔迹样本是笔迹检验不可缺少的条件。分析样本笔迹主要是分清样本的种类和数量，了解收集方法，明确其真伪及可靠程度，并根据与检材笔迹比对的要求确定是否符合检验条件，比如是否具有和检材相同的文字等。一旦发现样本不真实可靠，应该及时向送检单位提出，要求补充或重新搜集符合检验要求的笔迹样本。

2. 笔迹特征的选择

笔迹文书检验过程中要选择可供比较的特征。特征选择要以正确分析、科学评断检材和样本为基础。在笔迹鉴定中，要客观具体地分析和判断物证笔迹是正常笔迹还是非正常笔迹，就要熟悉和掌握各类笔迹的基本特点，然后以此为标准衡量被检验的物证笔迹，看其符合哪类笔迹的特点。正常笔迹是指在正常的生理心理状态和书写环境条件下完成的，基本上能如实反映个人书写技能与习惯的笔记。非正常笔迹是指在反常的生理心理状态和书写环境条件下完成的，个人的书写技能与习惯受到主客观因素干扰形成的变化笔迹。

经过对检材和样本笔迹的分析，初步确定检材笔迹的形成条件和样本笔迹的可靠性，明确应从哪些方面选择特征，选择何种特征。在此基础上，选择检材笔迹特征并制作特征对比表。选择检材笔迹特征是比对检验的基础。只有真实又有特殊性的笔迹特征，才能表现个人固有的书写习惯，才能在与样本笔迹的比对中发现两者间存在的有价值的符合点或差异点。选择笔迹特征的方法包括：在重复出现的单字中选取，在运笔自然的单字中选取，在书写速度较快、笔画较多的单字中选取，在有突出特征的单字中选取，在笔迹的细节中选取，在文字以外的部分选取。在多角度选择笔迹特征的同时，要把已选择和确定的特征制作成特征比对表。特征比对表是记录和整理笔迹特征的有效方法。它可把个人笔迹的主要特征集中展现出来，有助于认识个人书写习惯，便于笔迹的比较检验。在制作特征比对表的同时要做好特征选取和分析的记录，即笔迹检验记录。

3. 笔迹比对

在笔迹鉴定文书之中要体现出比对检材和样本笔迹的过程，记录笔迹的差异点和相同点。笔迹检验即以经过选择的检材笔迹特征为基础，同嫌疑人笔迹样本的相对应特征进行比对，从中发现和确定它们之间的差异点和符合点，并且判断符合点和差异点的数量、质量，为综合评断奠定基础。检材和样本笔迹需要进行分别检验和比较检验。分别检验即发现与确定检材笔迹与样本笔迹各自的特征，主要从真实程度、检材特征、样本特征等三方面来确定。比较检验即比较书写动作一般状况特征、文字布局特征、书面语言特征、单字或笔画单个特征的相同与不同、各组特征和各类特征的相同与不同。具体步骤为：第一步进行笔迹的概貌比较。笔迹的概貌比较主要是进行检材与样本笔迹之间的书法水平、字形、字体、字的大小、笔迹的布局等方面的比较，看它们在这些特征上有哪些相同点、哪些不同点，并做记录。第二步进行单字特征的比对。单字特征的比对是以在检材笔迹中选择的特征为基础，把样本笔迹中与其相对应的特征单字找到并比对二者间的差异点和相同点，然后客观地将得出的比对结果逐一描绘在特征比对表上。

在解析笔迹鉴定文书时还应注意：笔迹的符合点或差异点是出具鉴定意见的具体依据。经过比对确定的检材与样本笔迹的符合点和差异点是否真实、可靠，直接关系到鉴定意见的正确与否。为此，在比较笔迹符合和差异时应特别注意客观全面、认真细致、抓住实质特性，切忌机械比对。

4. 综合评断

鉴定文书中在检验过程末一定要有对检验过程的综合评断，这也是笔迹检验过程的最后步骤。综合评断是在通过比对检验确定了检材和样本笔迹的符合点和差异点之后，进一步分析符合点和差异点的形成原因和性质，从而确定笔迹是否同一的过程。要深入分析符合点和差异点，判断是否为不同人因笔迹相近或相似形成的符合和差异；判断是否为同一人因书写习惯不同所形成的符合和差异。在比对过程中找出本质的、质量高的足以证实个人书写习惯的符合点和差异点。经过对差异点和符合点的评断，即检材笔迹与样品笔迹之间，是否出现了本质符合和非本质差异，或者本质差异与非本质符合，进而得出鉴定意见。

（四）印章印文检验

1. 分析检材印文

首先，应对检材印文进行检验评断，判断其是否是直接盖印形成的。如果检材印文不是直接盖印形成的或状态存疑的，应根据检材印文可能的形成方式及特点，综合分析检材印文的盖印质量及印文特征的客观反映情况，对检材印文的鉴定条件做出初步判断。检材印文具备一定鉴定条件的，继续按步骤进行检验鉴定；检材印文不具备鉴定条件的，可作无法判断的鉴定意见或作不受理案件处理。

其次，根据检材印文的墨迹分布特点、图文质量及清晰程度等，分析检材印章可能的类型，以及章面材料和盖印材料可能的种类。常见的印章类型包括手工雕刻印章、机械雕刻印章、激光雕刻印章、原子印章、光敏印章，以及钢印等特殊类型的印章等。

最后，根据检材印文的具体情况，分析盖印方式、盖印条件、盖印材料对印文特征可能造成的影响。若有多份检材印文，应分析多份检材印文之间印文特征符合、差异或变化的情况，并对检材印文特征的反映情况及性质做出初步判断。

2. 样本印文分析

文书检验中还包含对样本印文的分析。首先，应对样本印文状态进行分析。样本印文应是直接盖印形成的，样本印文不是直接盖印形成的或状态存疑的，应根据样本印文可能的形成方式及特点，综合分析样本印文的清晰程度及印文特征的客观反映情况，对样本印文的比对条件做出初步判断。样本印文具备一定比对条件的，按照步骤继续进行检验鉴定；样本印文不具备比对条件的，可作无法判断的鉴定意见或作不受理案件处理，需制作实验样本的，应按实验样本制作要求进行。

其次，样本印文特征的分析。根据样本印文的墨迹分布特点、图文质量及清晰程度，分析样本印章可能的类型，以及章面材料和盖印材料可能的种类。了解样本印章的制作方法、制作材料及其特性，分析用其盖印印文的基本特点。

最后，根据样本印文的具体情况，分析盖印方式、盖印条件、盖印材料等对样本印文特征可能造成的影响，以及不同盖印条件的样本印文在印文特征上的变化规律。若存在多份样本印文，应分析样本印文之间印文特征符合、差异或变化的情况，并对样本印文特征的反映情况及性质做出初步判断。

3. 比对检材印文和样本印文

印文鉴定文书的检验重点在于比对检材印文和样本印文，标识比对后出现的差异点或者相同点，并进行分析。印文特征的比对方法，包括以下几种：

（1）直观比对。目测或借助放大镜，对检材和样本印文的特征进行比对分析。

（2）显微比对。借助显微镜，对检材和样本印文特征进行显微观察和比对分析。

（3）重叠拼接比对。直接将检材印文和样本印文在透光条件下进行重合拼接比较，观察和分析相互间的重合程度。

（4）画线比对。用画有比例线条的工具对检材和样本进行比较，或在检材印文和样本印文的复制件上直接进行画线比较。

（5）测量比对。借助测量工具或测量软件，对检材印文和样本印文的长度、角度、弧度及间距等进行比对分析。

（6）专业设备辅助比对。借助比对仪器及图像比对软件，对检材印文和样本印文进行重合、拼接、画线、测量等比对分析。

4. 描述比对过程

比对过程的描述必须要包含印文特征的比对分析，比对分析检材印文特征在样本印文中的反映情况，应根据样本印文的具体情况，分析不同盖印条件的样本印文在印文特征上的变化规律，尽量选取盖印条件与检材印文相同或相近的样本印文进行比对分析。比对分析检材印文与样本印文之间符合或相似的印文特征及其分布情况。比对分析检材印文与样本印文之间差异或变化的印文特征及其分布情况。对检材印文与样本印文符合或相似印文特征、差异或变化印文特征的总体分布情况及其性质进行分析。

5. 综合评断

综合评断是指对在比较检验中发现的检材印文与样本印文之间符合或相似印文特征的数量和质量进行综合分析，对在比对检验中发现的检材印文与样本印文之间差异和符合特征的数量和质量进行综合分析，对检材印文与样本印文之间印文特征差异点和符合点的总体价值进行综合评断。综合评断的技术要点包括分析评断印文的内容、结构、布局、规格等特征；分析评断印文图文、线条的形态及印面的残缺、磨损、附着物等细节特征；分析评断印章在使用过程中形成的阶段性特征；分析评断印章在制作过程形成的防伪特征；分析评断盖印方式、盖印条件对印文特征可能带来的影响。最后应根据综合评断的结果，按使用标准中鉴定意见的种类及判断依据做出相应的鉴定意见分析。

（五）污损篡改文件检验

1. 检验过程

在解析污损篡改文件鉴定书时一定要清楚污损篡改文件检验的原则。解析污损篡改文件检验要注意文书是否反映了鉴定前检材原貌的固定情况。固定检材原貌可采用拍照、扫描复制等方法，复制件应尽可能反映检材的原貌，并做好原始各特征的记录。因为污损篡改文件的检验过程有可能改变检材原貌，所以切忌在没有固定原始检材的情况下开展检验鉴定工作。

特别要注意污损篡改文件检验和笔迹、印文检验的不同点，污损篡改文件可以对检材进行单位检验，而笔迹、印文检验必须有对应的样本。在检验鉴定污损篡改文件之前要制定检验方案，根据委托方的要求和检材的具体情况，分析文件的构成要素。分析文件各要素的形成方法、过程及相互关系，初步判断可能的篡改手段，确定具体的检验方案。根据确定的具体检验方案，选择相应的检验方法，并参照各类污损篡改文件的检验要点实施检验。在解析鉴定文书时要查看检验方案是否符合鉴定要求，是否科学。

对污染痕迹文件进行处理应按照选定的污损篡改文件检验鉴定方法。文件纸张已分离成若干碎片的，应参照污损篡改文件检验鉴定标准中破碎文件的整复和固定方法进行整复和固定；检验中需要对文件上模糊内容进行分析检验的，应参照选定的污损篡改文件检验鉴定标准中"模糊字迹的检验方法"进行检验；检验中需要对手写字迹的笔迹特征进行分析检验的，具体方法应参照选定的笔迹检验鉴定标准进行；检验中需要对文件上的印文等进行分析检验的，应参照选定的印章印文检验鉴定标准进行；检验中需要对印刷文字的制作方法、印刷工具、印刷特征进行分析检验的，应参照印刷文件检验鉴定标准进行分析检验；检验中需要对文字色料、纸张、黏合剂特性或种类进行分析检验的，应按照文件材料检验标准中相应的检验方法进行检验；检验中需要对文件上不可见印压痕迹进行分析检验的，应参照污损篡改文件检验鉴定标准中文件印压字迹鉴定规范进行分析检验。

2. 检验方法

污损篡改文件检验的具体方法主要有以下几种：

（1）目测。在自然光或照明光源下，通过目视或借助放大镜等其他工具，对检材需检部位的色泽、状态、宏观形态等特征进行分析和比较。

（2）显微检验。借助材料显微镜、激光共聚焦显微镜、电子显微镜等，对检材需检部位的色泽、状态、微观形态等特征进行分析和比较。

（3）分色检验。检测和分析比较被检测部位在可见光范围内特定波长光线的反射或吸收特性。

（4）紫（红）外线检验。检测和分析比较被检测部位对紫（红）外线的反射和吸收特性等。

（5）荧光检验。在特定光源的激发下，检测和分析比较被检测部位的荧光响应特性等。

（6）分析仪器检测。利用专业分析仪器，检测和分析比较被检测部位的光谱特性、成分等。

（7）光谱成像检验。利用专业设备检测和分析比较被检测部位的光谱特性等显示有关内容或痕迹。

（8）化学检验。选用适当的化学试剂，点滴分析检测部位纸张、文字色料等的化学特性，或显现被消退、模糊字迹等。

3. 各类污损篡改文件检验要点

由于污损篡改文件种类较多，因此应根据不同的检材和检验要求来解析检验要点。

（1）添改文件的检验。

应着重从以下几方面对添改文件进行分析和检验：

①文件内容。文件的内容和形式是否矛盾，文中用词、用语是否准确，语句是否通顺，是否符合通常的使用习惯和逻辑。

②手写字迹。手写字迹的书写方式、形成过程是否一致，布局是否协调。相关手写字迹的笔迹特征是否相同，尤其是改写文字是否符合书写规范和书写人的书写习惯，是否存在不正常的断笔、停顿、重描等现象。用显微检验法对相邻单字笔画的交叉部位的形成顺序进行检验，分析是否反常；采用显微检验法分析反映书写工具特点的笔痕特征是否正常等。

③文字色料。文字色料表现的颜色、微观形态是否有差别，文字色料的特性是否相同，在纸张上的渗透、扩散等是否一致。

（2）擦刮文件的检验。

应着重从以下几方面对擦刮文件进行分析和检验：

①纸张。观察纸张表面纤维结构的变化；观察纸张表面是否有擦刮工具作用后的痕迹特征；检验纸张相关部位表面特性的变化。

②文字。观察被擦刮文字处是否有残留的笔画或遗留文字色料等；观察被擦刮文字处是否有残留的压印痕迹；特别注意分析擦刮痕迹和残留痕迹分布状态，根据擦刮痕迹分布状态和残留的文字笔画，初步分析被刮除的可能的文字内容。

③相关标记。观察纸张上固有的起防伪或装饰作用的底纹、水印、图案等是否有擦刮痕迹；观察文件上相邻文字笔画或其他内容是否有被擦刮的痕迹。

（3）拼接文件的检验。

应着重从以下几方面对拼接文件进行分析和检验：

①文件内容。文件的内容是否符合正常逻辑，是否矛盾；文件的用词、用语是否符合通常习惯，语句是否通顺。

②文字。文字布局是否协调，规格是否一致。特别注意文字之间的字体、字形、笔画细微形态；相关书写字迹的笔迹特征是否相同，书写是否连贯，单字笔画有无重描、修饰等异常现象；特别注意分析文件中重复出现的文字是否形状相同，是否存在同源关系等。

③拼接痕迹。观察纸张是否存在挖补、裁剪、粘贴等痕迹；如有拼接痕迹的，注意区分是整体分离痕迹还是拼凑痕迹；对于非直接拼接的文件，特别注意分析重点文字区域与周围空白部位的灰度、色调的协调情况，分析是否存在间接拼接的情况。

（4）挖补文件的检验

应着重从以下几方面对挖补文件进行分析和检验：

①纸张观察。纸张有无擦刮、挖补或污染的痕迹；特别注意进行透光检验，观察纸张的厚度和纤维分布的变化；观察相关纸张上固有的底纹、水印、图案等是否完整。

②文字或照片。注意分析文字或照片部位及周围是否有挖补、拼接等痕迹，与相邻文字之间布局是否协调；可疑手写字迹与其他相关字迹的笔迹特征是否相同，书写是否连贯，单字笔画有无重描、修饰的痕迹；文件中重复出现的文字是否同源。

③拼接痕迹。观察纸张是否存在挖补粘贴形成的拼接痕迹，重点分析可疑文字、照片部位及相邻部位是否存在异常痕迹等。

（5）消退文件的检验。

应从以下几方面对消退文件进行分析和检验：

①消退方法的分析。根据消退残留痕迹状态或残留物的痕迹，分析可能的消退方法。常见的消退方法为化学试剂消退和物理消退。采用化学试剂消退，纸张上会留有消退剂的痕迹，多数消退剂在紫外光激发时有荧光反应，如消退不彻底，也会残留被消退文字的色料。物理消退指通过对文字长时间光照或加热，利用光热效应，使文字色料的颜色逐步减淡甚至消失，如紫外光照射、烘箱加热等。物理消退会导致纸张的表面色泽、硬度等物理特性发生变化，纸张上往往会残留未被彻底消退文字的色料，纸张表面或边缘有时会留下消退时固定纸张的工具痕迹等。

②分析其他痕迹。被消退处有无相关的文字压印或转印痕迹；注意用荧光检验法对文件上相关部位进行检验，分析是否存在其他异常痕迹等。

（6）掩盖文件的检验。

应从以下几方面对掩盖文件进行分析和检验：

①分析文件的掩盖方式及被掩盖字迹与掩盖层形成的变化情况等，观察被掩盖字迹的相关部位是否留有字迹压痕。

②如掩盖层为有一定厚度的掩盖物时，根据被掩盖文字和掩盖物质的理化特性，可选用适当的试剂消除涂层。

③可采用红外检验法、荧光检验法及化学分析法等显示被掩盖的内容。

④辨读残留笔画时，可采用残字推断法分析可能的原有内容。

（7）换页文件的检验。

应从以下几方面对换页文件进行分析和检验：

①装订痕迹、装订方法是否异常；可疑页纸张上留下的装订孔形态、数量与原文件各页纸面上留下的装订孔是否一致。

②封装痕迹。封条及纸张边缘骑缝章是否有异常；粘贴部位纸张的分离痕迹是否异常；粘贴部位留下的黏合剂痕迹是否异常。

③纸张。注意分析文件各页纸张的色泽、规格等特征是否一致；各页纸张上的底纹、水印、图案等是否完整；纸张边缘的裁切痕迹是否异常；分析纸张上表示生产厂家、生产日期、批次等信息的文字、符号、标记、暗记是否异常。

④文字的形成方法是否一致，文字布局是否协调；手写字迹的笔迹特征是否相同，字迹笔画是否有修饰重描现象；可用显微镜观察分析字迹的笔痕特征是否连贯。

4. 综合评断

污损篡改文件检验的综合评断部分是对整个检验过程的总结和分析，解析此部分时应注意对在检验过程中观察到的各种痕迹、现象和各要素的检测结果进行系统分析，综合判断文件是否存在污损篡改的事实，存在何种污损篡改事实，并说明判断该种类污损篡改文件的依据。观察到的现象和结果应直接用检验时的检测图片进行表示。对恢复和显现的污损篡改内容能够用检测图片显示的，应当用图片进行客观表示；图片不能清晰显示的，应作客观真实的说明。

在进行综合评断时应注意，污损篡改文件上检验分析出的特征点是出具鉴定意见的具体依据。经过检验分析确定的文件上的污损篡改特征是否真实、可靠，直接关系到鉴定意见的正确与否。因此，在检验分析时应做到客观全面、认真细致、抓住实质特性。

四、鉴定结果的发布

（一）什么是鉴定意见

鉴定意见为证据的一种，是鉴定人运用自己的专业知识，利用专业设备对案件中需要解决的专门性问题所做的技术性结论意见，称为鉴定意见。鉴定意见是表述判断意见而不是陈述事实情况，结论的产生所依据的是科学技术方法。

鉴定意见包括两大类：一是当事人向人民法院提供的鉴定意见。这类意见必须是由司法鉴定部门做出的，否则没有证明效力。二是人民法院认为需要时可将专门问题交由司法鉴定部门进行鉴定。司法鉴定部门没有开展该类鉴定项目时，人民法院可指定相关专业的鉴定部门进行鉴定。在各类案（事）件中，鉴定意见往往成为正确认定这些案件事实必不可少的证据。

（二）鉴定意见表述

1.笔迹印章鉴定意见表述

通过比对检验获得的特征在数量和质量上符合点充足即可做认定同一的结论；通过比对检验获得的特征在数量和质量上差异点充足即可做否定同一的结论。倾向性结论是文件检验与其他鉴定专业相比较独特的情况。文件检验中，判断依据不够充分，不能全面完整地作为检验鉴定的依据时，可以使用倾向性意见。例如在笔迹检验案件中，因为样本不充分，不能全面反映笔迹特征，也可作倾向认定或倾向否定的结论。由于检验时主客观条件的限制，通过比对检验找出的各项特征等不能提供足够的依据时，也可不出具任何具体鉴定意见，即无法评断。

2. 污损篡改文件检验鉴定意见的表述

存在污损篡改事实，对文件的要素进行检验，综合文件要素的检验结果，显示文件存在一种或多种污损篡改痕迹的，鉴定意见中只对具体的污损篡改现象进行客观叙述。

不存在污损篡改事实，对文件各要素进行了全面的检验，综合文件各要素的检验结果，均未发现文件存在任何的污损篡改痕迹，也不存在通过现有技术手段无法发现的污损篡改痕迹的，鉴定意见只对提出的鉴定要求回答不存在何种具体的污损篡改痕迹。

尚不能完全排除存在，根据现有技术手段难以发现的污损篡改痕迹的可能。检材不具备鉴定条件的，或根据现有的技术手段，无法判断是否存在污损篡改事实的，鉴定意见表述为无法判断是否存在污损篡改事实。

（三）鉴定意见的审查

1. 鉴定意见资格的审查

审查鉴定机构以及鉴定人员是否具备合法资格，即鉴定机构是否是合法成立的，有无合法有效的执业许可执照，鉴定机构的职责、权限是否明确，对鉴定人员的身份、资历、有效证件也要进行审查，还要审查鉴定人员的资格与所要鉴定的内容是否相适应。另外，还需要审核鉴定人是否存在故意作虚假鉴定的情形，有无违反科学规则的人为因素，鉴定人同当事人以及诉讼参与人是否存在某种社会关系。

2. 鉴定意见内容的审查

审查鉴定意见本身的合法性和真实性，要审查鉴定意见有无与案件事实明显矛盾的地方，鉴定意见是否是按要求做出的，不能含糊不清，模棱两可；鉴定意见是否按鉴定的程序和规则做出，有无合法有效的规范性方法标准作为依据；鉴定人之间有无分歧意见，鉴定意见是否注明异议的内容和理由，以及鉴定人员是否签名或盖章。另外，还要注意各行政执法部门对鉴定意见是否存在认识上的差别。

（四）符合重新鉴定的情况

为了避免不必要的重复鉴定，只有满足下列情形，才能申请重新鉴定：

（1）鉴定机构或者鉴定人员不具备相关的鉴定资格的。

（2）鉴定程序严重违法的。

（3）鉴定意见明显依据不足的。

（4）经过质证认定不能作为证据使用的其他情形。

对于有缺陷的鉴定意见，可以通过补充鉴定、重新质证或者补充质证等方法解决的，不予重新鉴定。

一方当事人自行委托有关部门做出的鉴定意见，另一方当事人有证据足以反驳并申请重新鉴定的，人民法院应予准许。

另外，对需要鉴定的事项负有举证责任的当事人，在人民法院指定的期限内无正当理由不提出鉴定申请或拒不提供相关材料，致使对案件争议的事实无法通过鉴定意见予以认定的，应当对该事实承担法律后果。

第三章　手印鉴定书

第一节　手印鉴定书任务、理论依据、内容、分类

本章重点介绍手印鉴定书的任务和理论背景，在内容部分阐述了手印鉴定书这部分的行文逻辑、鉴定文书的分类情况以及本部分的行文逻辑。

一、手印鉴定书任务

手印鉴定书是鉴定机构表达手印鉴定意见的法律文书，是重要的司法证据。它的任务是通过查明检材手印和样本手印是否同一，以对法律事实进行证明。

二、手印鉴定的理论依据

手印作为个体识别的重要手段，其前提来自手印纹线的特定性和稳定性。手印纹线指人体手指、指节、手掌皮肤组织表面表现出的纹路。

手印纹线的特定性业内通常阐述为"人各不同"，即在现有的指纹应用实践中尚未发现两枚完全相同的指纹。研究表明，胎儿在 16 周到 20 周会形成基本真皮初生纹线和深沟，即确定了指纹的纹型；在 20 周到 24 周会在已有纹型上随机生长次生纹线和犁沟。在关于同卵双胞胎指纹的研究中，研究人员发现，同卵双胞胎的指纹大多在对应每个手指的纹型上高度一致，而在具体的特征上均有差异，因而推断 DNA 对指纹在 16 周到 20 周纹型的形成有控制作用。结合人体 DNA 的随机性和胎儿指纹 20 周到 24 周次生纹线产生的随机性，我们有理由认为指纹具有不可复制性，

手印鉴定实践中也未发现过属于不同人的相同指纹。

手印纹线的稳定性业内通常阐述为"终身不变",即现有的实验数据表明:胎儿在 24 周后指纹的真皮层发育结束,之后指纹的类型,具体形态,细节特征的种类、数量、相互位置关系始终不变。当然也有例外,手指会在伤及真皮层后形成伤疤,人自然生长引起指纹的面积和纹线粗细的变化,长时间从事某些劳作会产生磨损的变化,但是这些变化都是可以通过综合评断解释的,其本质是稳定的。

综上,我们认为手印纹线的特定性和稳定性为手印鉴定提供了客观依据。

三、手印鉴定书的内容

手印鉴定书的内容,狭义上来说就是鉴定机构签发的作为证据使用的手印鉴定文书本身。

由于本书的目的是指导法律工作者直观地了解手印鉴定书制作过程以及原理,会涉及手印鉴定工作卷宗中的一系列材料文件,包含鉴定委托书、鉴定事项确认书、手印检验鉴定记录、鉴定文书、审批稿、审批表、鉴定机构及鉴定人资格证书复印件。本部分将以具体的手印鉴定书材料文件为载体,结合理论知识进行分析讲解。

本部分最后会附成套的鉴定文书示范卷,请读者阅读时先快速阅读示范卷以及总则关于鉴定文书的要求,再结合起来细读本部分内容。

四、手印鉴定书的分类

(一)按鉴定的手印遗留部位分类

由于不同的手印遗留部位的手印纹线形态和特征规律不同,适用的标准和方法也有差异。

指纹,即遗留部位为手指头的手印痕迹,鉴定方法在国内公安领域适用公安部物证鉴定中心《指纹鉴定法》（IFSC 07-02-01-2006）。脚趾纹的鉴定方法与指纹的鉴定方法相同。

掌纹，即遗留部位为手掌的手印痕迹，鉴定方法在国内公安领域适用公安部物证鉴定中心《掌纹鉴定法》（IFSC 07-03-01-2006）。由于脚掌纹、手指节纹、脚趾节纹在特征形态规律上与掌纹更相近，所以脚掌纹、手指节纹、脚趾节纹的鉴定方法与掌纹的鉴定方法相同。

（二）按照鉴定书结论（检验结果）来分

根据对检材和样本的综合评断做出判断，判断为不具备鉴定条件的以手印检验报告形式出具文书；判断为认定或者否定的以手印鉴定书形式出具文书。

1. 手印检验报告

实践中有两种情况会出具检验报告：

一是检材不具备同一认定鉴定条件。实践中绝大多数情况是检材的纹线流向不清晰、细节特征不可靠，检验结果例为"X 号检材不具备同一认定条件"。

二是检材与样本相比不具备鉴定条件。实践中绝大多数情况是样本采集的区域没有覆盖检材对应遗留的区域，比如检材遗留的是指尖位置而样本采集的仅是中心位置，检验结果例为"X 号检材与 Y 号样本相比，不具备鉴定条件"。实践中一般向委托单位提出要求补充或者重新捺印样本，样本手印再次采集确有困难无法完成但委托方又需要下结论的，才出具不具备鉴定条件的手印检验报告。

2. 手印鉴定书

做出认定或者否定结论时出具手印鉴定书，具体将在后面文书解析一节详细说明。

认定结论例为："X 号检材与 Y 号样本是同一人所留。"

否定结论例为："X 号检材与 Y 号样本不是同一人所留。"

第二节 手印鉴定的委托、鉴定事项（协议）的确认

本章以鉴定委托书、鉴定确认书为载体，介绍手印鉴定的委托、审查、受理。本节着重介绍与手印方向相关的手印鉴定的委托、审查、受理注意事项，一般的程序性问题请参见总则。

一、手印鉴定的委托

手印鉴定的委托是委托单位（人）向合格鉴定主体，明确鉴定需求的过程，实践中以鉴定委托书为形式呈现（见附件 3-1 手印鉴定委托书）。

（一）鉴定委托的主体

鉴定委托书应首先写明鉴定委托的主体，即委托鉴定单位或个人。

（二）委托时间、委托单位（人）、案情介绍

委托时间即委托方确定委托的时间，不是送达鉴定机构的时间。

委托单位（人）是委托的主体，具体的送检人不必与委托人一致，但是委托书上需要有委托单位（人）的签字或者盖章。具体承办的送检人需要留有姓名和联系方式。

案情介绍，委托单位需要向鉴定机构说明鉴定的背景，在最后形成的鉴定文书上也需要引用案情介绍。案情介绍文字应当简明扼要，不应该包括定性性质的内容，如"某某人诈骗某某人 5 万元"。

（三）检材与样本情况

鉴定委托书应明确送检检材的数量、提取部位、提取方法、送检形式（均为必填项）。

鉴定委托书应明确送检样本的数量、详细信息、捺印部位、提取方法、送检形式（均为必填项）。

检材手印和样本手印的名称应当与现场勘察笔录、检查记录、扣押笔录等相关文书保持一致。

（四）鉴定要求

鉴定委托书应明确鉴定的要求，如果与实际不符合，可以在后面的确认（协议）部分修改。鉴定要求主要是客观地反映鉴定目的。

（五）原鉴定情况

对于重新鉴定的案件，需要写明原鉴定情况以及重新鉴定的原因和内容，以供鉴定人更好地理解检材和样本的关系。实践中往往需要附原鉴定书，用于审查原鉴定意见的可靠性。

二、手印鉴定的受理确认

手印鉴定的受理是鉴定机构的工作人员对鉴定委托事项进行审查后，对在手印鉴定范围内的委托进行确认（协议）的程序，实践中以鉴定事项确认书（委托协议）的形式呈现（见附件3-2鉴定事项确认书）。主要内容是对检材和样本的审查，对检材和样本是否留存的确认，对鉴定要求的确认，对鉴定时限的确认。

这里特别提示，手印鉴定的受理人员不一定是鉴定人员。鉴定机构可以让经培训合格的人员对手印鉴定的委托进行受理，受理后再流转分发给相应的鉴定人员开展鉴定工作。

（一）审查确认检材

手印检材是指诉讼活动或者其他争议中的通过鉴定用以证明事件真实性的手印证据材料。

审查送检检材，分别审查送检形式、提取方法、提取部位。对合格的收检检材赋予一个唯一性编号并保存，以便在本鉴定机构内流转和存储。审查确认的主要目的是和委托方更好地确认检材的细节，为下一步检验工作打好基础。

1. 审查送检检材的送检形式

送检形式可以是检材手印的原件、原件带比例尺的照片（扫描）件。由于现有技术还不能很好地判断复（打）印件上的手印纹线特征是复（打）印形成还是自然遗留的，在实践中绝大多数鉴定机构不接受手印复（打）印件的检验鉴定。

也可以是原物直接送检，由鉴定机构负责提取，比如送检一个遗留有指纹的玻璃杯，受理的鉴定机构负责发现提取处理该遗留指纹，实践中在鉴定事项确认书中备注注明即可。

2. 审查送检检材的提取部位和提取方法

检材的提取部位和提取方法确认是后续检验鉴定的基础工作。审查的目的是排除记录的提取部位、方法与送检检材手印实际不符的情况。不同的提取部位适用不同的提取方法，在审查的时候要对照送检的原物手印和提取方法结合手印乳突纹线颜色来判断。这里简单介绍几种常见提取部位和提取方法的对应审查要点。

（1）直接照相（扫描）法。

直接照相（扫描）法，顾名思义，直接反映手印最真实的状态，适用于纸张上遗留的捺印指纹，这种情况可以要求委托单位提供概貌照片。如实践中合同或者笔录上红色油墨捺印指纹，都需要附带概貌照片。

（2）光学手印显现法。

光学手印显现法可以利用光的选择吸收性显著提高遗留手印痕迹与背景的反差，从而照相固定手印痕迹，常见的有高强度光源激发荧光、漫反射、紫外照相等，适用于显现光滑或有光泽的遗留客体表面的手印。在审查时要注意遗留部位的客体性质是否与显现方法相符，反映出的手印纹线颜色是否与显现方法注明的颜色相符。

（3）粉末显现法。

粉末显现法利用手印遗留物质中的汗液和油脂成分对粉末具有吸附作用的原理显现手印，适用于显现遗留部位在光滑、非渗透性或半渗透性检材表面的汗潜、油潜及油垢手印，审查时要对应之前的提取部位审查。常见的粉末为磁性粉、银粉，不同的粉末附着在手印纹线上后，纹线显现相应粉末的颜色，审查时对应审查纹线颜色与适用粉末是否相符。

（4）"502"胶显现法。

"502"胶显现法利用"502"胶中的氰基丙烯酸乙酯可与手印纹线中微量水分发生聚合而固化生成白色的聚合物的原理显现手印，适用于显现大多数非渗透性及半渗透性检材表面上的汗潜手印。审查时注意"502"胶显现法显现出的手印纹线为白色，所在提取部位为白色的客体不选取此种显现方法。

（5）碘熏显现手印法。

碘熏显现手印法利用手印遗留物质中的油脂成分对碘具有吸附作用并与其发生可逆的化学反应的原理显现手印，适用于显现大多数浅色渗透与非渗透检材上的油潜和油汗混合手印。此方法显现的手印很快消失，需要马上照相（扫描），实践中都是以照片形式送检。审查时注意碘熏显现手印法显现出的手印纹线为紫色。

（6）茚二酮、茚三酮显现法。

茚二酮、茚三酮显现法利用茚二酮、茚三酮与手印遗留物质中的氨基酸反应物呈紫色的原理显现手印，适用于渗透性客体表面汗潜、油潜、血潜、蛋白及其他含有氨基酸物质的手印的显现。此方法显现的手印很快消失，需要马上照相（扫描），实践中都是以照片形式送检，遗留客体仅为渗透性客体表面。审查时注意茚二酮、茚三酮显现出的手印纹线为紫色。

（7）碳素墨水显现法。

碳素墨水显现法利用碳素墨水中的碳微粒能够吸附在潜在手印纹线上的原理显现手印，适用于大多数胶带黏面上的潜在手印显现。此种显现方法送检的指纹多为照片形式，要注意结合概貌照片审查碳素墨水吸附的是手印纹线中的乳突纹线还是小犁沟，从而确定送检检材照片中乳突纹线颜色。

3. 对合格的收检检材赋予唯一性编号

对审查合格的每一个检材都需要赋予对应的唯一编号，目的是确定检材的唯一性，方便检材信息在检验鉴定的各个流程中流转。在鉴定事项确认书、手印检验鉴定记录、鉴定文书、检材样本存档记录中涉及对检材描述的都需要附此检材的唯一性编号。

每一个检材只能对应一个检验对象。如审查时发现委托方送检的一个检材手印实际是两枚指纹，需要告知委托方，明确送检检材，增加检材或者明确此次送检检材为何指纹。

对于一次性以照片形式送检多个检材的，建议在完成唯一性编码后，在鉴定事项确认书中附对应检材照片的文字说明予以签字确认，目的是方便区分（见附件 3-2 鉴定事项确认书）。

（二）审查确认样本

手印样本是指讼活动或者其他争议中，委托人收集并向鉴定机构提交的与检材进行比较的人员手印。

审查送检样本，分别审查送检形式、提取方法、提取部位、详细信息，对合格的收检样本赋予一个唯一性编号并保存，以便在本鉴定机构内流转和存储。审查确认的主要目的是和委托方更好地确认样本的细节，为下一步检验工作打好基础。

1. 审查送检形式

与检材相同，实践中样本的送检形式也不接受手印复（打）印件

（包括指纹活体仪采集的活体指纹电子打印件）的检验鉴定。可以是原件、原件带比例尺的照片（扫描）件，也可以是检验对象亲自到鉴定机构取样。

2. 审查送检提取方法、提取部位、详细信息

对人员样本手印采集一般是油墨捺印，公安领域一般捺印在标准的人员捺印卡上，参见标准《捺印指掌纹信息卡式样》（GA/T 790-2019）。公安人员捺印卡收集人员的三面捺印、平面捺印、掌纹捺印。

三面捺印，又称滚动捺印指纹，是捺印时通过转动手指，将手指正面及两个侧面共三面的乳突纹线全部捺印出来的捺印，指纹面积大，在指纹的检验鉴定中应用最广泛。

平面捺印，又称正面捺印指纹，是捺印时仅捺印手指正面乳突纹线的捺印。平面捺印的目的有两个：一是方便与三面捺印中的各个指位进行确认，防止采集的时候指位顺序错误；二是采集指尖位置指纹。

掌纹捺印，又称平面捺印掌纹，是对全手的全面捺印，包括五指（含指节纹）、掌指根区、掌内侧区、掌外侧区、掌外侧面。

标准指纹捺印卡片中还应记录指纹样本的人员基本信息，需要在鉴定事项确认书中样本信息中予以体现。除非有特定要求，一般来说相应信息会在鉴定书中被引用，以便更好地展示鉴定意见与法律事件的相关性。如果送检样本不是标准人员捺印卡，那么需要在相应指纹旁标记对应指位，人工记录相应的人员信息以便确认和供鉴定文书的引用。

3. 对合格的收检样本赋予唯一性编号

对经过审查合格的每一个样本都需要赋予对应的唯一编号，目的是确定样本的唯一性，方便样本信息在检验鉴定的各个流程中流转。在鉴定事项确认书、手印检验鉴定记录、鉴定文书、检材样本存档记录中涉及对样本手印描述的都需要附此检材的唯一性编号。

（三）对检材样本是否留存的确认

在鉴定事项确认书（协议）中需要明确送检检材和样本原件的保存情况，实践中手印鉴定机构一般对原件加比例尺照相（扫描）后，直接退还原件给委托人。

（四）对鉴定要求的确认

鉴定要求的确认是对鉴定目的的确认，以明确检验任务。实践中绝大多数手印鉴定要求都是查明检材手印和样本手印是否同一，形式如"送检的检材和样本是否同一人所留"。

对于以多个检材和多个样本开展检验比对，可以统一受理，出具一份鉴定书。

对于多个检材没有样本，委托方需要查明检材之间是否同一的，形式如"对送检的检材进行对比，检验是否同一人所留"。

在具体工作中，由于委托方可能对手印检验鉴定的要求不专业，有的鉴定要求需要及时与委托方沟通，对鉴定要求进行修改，以最后签字确认的鉴定事项确认书（协议）为准。

（五）鉴定方法的选择

在鉴定事项确认书中要明确本次鉴定的鉴定方法。

一般按照委托鉴定单位的鉴定要求选择鉴定方法，涉及显现后再鉴定的，显现所依照的标准方法需要在记录中予以明确。不需要显现的手印鉴定，实践中公安领域选用《法庭科学 手印鉴定技术规程》（GA/T 724-2019）、《手印鉴定文书规范》（GA/T 145-2019）、《指纹鉴定法》（IFSC 07-02-01-2006）、《掌纹鉴定法》（IFSC 07-03-01-2006）；司法领域适用《文件上可见指印鉴定技术规范》（SF/ZJD0202001-2015），可按照本系统和本单位的工作要求适用。本部分的鉴定文书主要使用公安类标准，在具体操作上与司法类差异不大。

（六）对鉴定时限的确认

一般而言，鉴定机构在受理案件后的 30 个工作日完成手印鉴定。如属于疑难、复杂案件，可以与委托方协商确定鉴定时限。

（七）协议的确定和修改

鉴定事项确认书（协议）应当由双方签字确定生效，对于委托书上的内容可以修改，以鉴定事项确认书（协议）签字确认的为准。

鉴定事项确认书（协议）建议有唯一性标识，方便对应手印检验鉴定记录、审批稿、审批表等内部存档文件。

修改已签订的鉴定事项确认书（协议），应当重新进行评估后由双方签字确定。

详见总则部分。

第三节 手印鉴定过程中的检验工作

本节以手印检验鉴定记录表为载体，介绍手印鉴定的检验工作。

手印鉴定的检验工作具体涉及检验前的准备工作，对送检检材和样本手印的分别检验、比较检验，通过综合评断确定鉴定意见。在进行手印检验的同时，需要将检验工作记录到手印检验鉴定记录表中，由鉴定人员签字后存入手印鉴定工作卷宗。手印检验鉴定记录表是制作手印鉴定文书的主要依据文件，是检验工作的原始记录，在实践中大多为表格形式（见附件 3-3 手印检验记录表）。

一、检验前的准备工作

（一）确定检验人员

手印鉴定的检验工作需要由两名或以上具有本专业鉴定资格的鉴定人进行，其中至少有一人具有中级鉴定资格。在检验过程中，可以是分别检验，也可以是一人检验他人复核，都要在手印检验鉴定记录表上签字确定。这里需要明确一点，受理人员不必是检验人员，但是检验人员肯定是本手印鉴定的鉴定人。

（二）了解检材情况

重点要明确检材手印遗留情况、形成条件，以及手印的发现、显现、固定、提取、包装、运输的方法和过程。明确以上信息可以帮助检验鉴定人员对疑难指纹加强认识。在手印检验鉴定记录表上需要写明手印性质，明确是汗液手印、血手印、油质手印、灰尘手印；同时明确提取方法。确定手印性质和提取方法可以帮助检验人员在检验鉴定中判断乳突纹线，从而更好地对差异点进行判断。

（三）了解样本情况

重点了解样本手印捺印人的基本情况、对应的手别、提取样本的时间、收集的方法。了解这些有助于帮助理解样本手印形成过程中可能引起变化的原因，正确评价样本手印上的特征。在手印检验鉴定记录表上写明样本送检的形式，如十指指印、双手掌印、十指指节印等，如果是公安领域采集的符合行业标准《捺印指掌纹信息卡式样》（GA/T 790-2019）的捺印卡，可以直接表述为十指指纹及掌纹捺印样本各一份；明确提取方法，有助于判断乳突纹线和更好地对样本上的特征点进行分析；此外还须明确纹线颜色。

（四）确定鉴定要求

再次确认鉴定要求的目的是明确检验任务，设计与检验要求符合的检验计划。有的委托单位提出的鉴定要求不专业、不准确，对于这类问题，需要和委托方沟通，修改鉴定要求，再次签订鉴定事项确认书（协议）。对于重复鉴定的，要了解以往的鉴定过程、鉴定意见及其依据，对照鉴定书查阅特征比对照片。

（五）检验方法的选择

手印检验鉴定记录表中要写明检验使用的鉴定方法。方法的选择与鉴定事项确认书中双方确定的鉴定方法一致。若要修改，须联系委托方重新签订鉴定事项确认书。

（六）鉴定事项确认书的制作

每个送检的检材手印都需要和每个送检样本手印对应制作一份手印检验鉴定记录表，已经明确认定其他样本的检材除外。检材手印和样本手印的唯一性标识也要在手印检验鉴定记录表中予以体现。

（七）鉴定事项确认书的唯一性编号

鉴定事项确认书（协议）建议有唯一性标识，方便对应手印检验鉴定记录、审批稿、审批表等内部存档文件。

二、分别检验

分别检验的主要目的是分别检验检材和样本，为下一步比较检验做准备。分别检验先检验检材手印，再检验样本手印。

（一）检材手印的初步检验

检材手印的初步检验是在宏观方面对检材手印进行把握，主要分析检材手印的种类性质，判断检材手印的遗留部位，分析手印的方向，判断检材手印的花纹类型及形态，分析判断手印是否重叠和变形，寻找和确定细节特征数量，以判断是否有同一认定条件。以上检验结果都会在手印检验鉴定记录表上有相应的记录。

1. 分析检材手印的种类性质

分析检材手印的种类性质是为了确定乳突纹线及纹线颜色。判断乳突纹线颜色是检材手印检验中重要的一环。对于处理方法和遗留客体复杂、模糊或者变形的手印，正确判断乳突纹线颜色是检验鉴定的基础。

手印检验鉴定记录表初步检验，首先会判断手印种类属于立体还是平面、加层还是减层；然后进行手印性质确认，以确定手印形成物质成分（灰尘、血、汗液、油质等）；最后结合检材手印的种类和性质分析判断乳突纹线颜色。

（1）手印种类的判断。

按照检材手印的空间形态划分，手印可分为立体手印和平面手印。

立体手印的整个印痕和纹线都具有立体感，或有一定色彩和光泽。借助自然光或采用各种人造光源，用肉眼仔细观察即可发现遗留在可塑性表面上的立体手印。对立体手印拍照以后，应当用制作石膏模型的方法予以提取。凹线是乳突纹线，凸线是小犁沟。

平面手印需要判断是加层手印还是减层手印。观察平面手印要结合手印附着物的情况判断。加层手印是指另一种物质附着于承痕客体表面形成的手印；减层手印是指承痕客体表面的附着物被粘走而形成的手印。减层手印的乳突纹线最好判断，被粘走的部分即是乳突纹线印痕。加层手印在实践中出现得最多，其乳突纹线可能出现三种情况。

第一种，加层手印附着物全部反映为乳突纹线印痕。这种手印也是最常见的，如汗液加层手印和油质加层手印。在这种情况下，检材的检验和正常样本的检验方式一样。

第二种，加层手印附着物全部反映为小犁沟印痕。一般是手上沾满了附着物（血、油质），多次接触客体，乳突纹线上的附着物被粘光后，再继续用力接触物体时，小犁沟里面的附着物被挤出来，形成小犁沟加层手印。

第三种，加层手印附着物全部反映为乳突纹线印痕和小犁沟印痕混合，主要是附着物在手上覆盖不均匀，用力也不均匀造成的。

（2）手印性质确认。

因附着物不同，还需要同时判断手印性质类别，常见的有汗液手印、血手印、油质手印、灰尘手印和其他手印。

要准确地判断手印性质需要借助现场手印形成的条件进行综合评断，可参照现场提取部位、概貌照片、处理显现方法综合判断。

（3）分析判断乳突纹线颜色。

结合手印种类和性质开展乳突纹线颜色分析。

根据纹线的粗细和宽窄进行分析。正常受力情况下，乳突纹线的印痕比较粗大、纹线间距均大于间隙线；小犁沟线的印痕比较细小、狭窄、纹线间距均小于间隙线。

根据汗孔的分布进行分析。手印的汗孔分布在乳突纹线上，在加层手印中常常显现出来，为圆形空白小点。由于汗孔的存在，反映出来的痕迹线条不整齐。小犁沟上没有汗孔分布，形成的痕迹中间没有断点小孔。

根据屈肌褶纹的反映进行分析。手印中的褶纹和皱纹是一种沟线，在痕迹中与小犁沟表现一致。由于褶纹和皱纹较为粗大，易于判断。只要有褶纹和皱纹，那么小犁沟痕迹与其颜色一致。

根据手印承痕物的色泽、形成手印的物质和处理方法进行分析。一般来说手印承痕物的色泽与小犁沟一致，形成手印的物质的颜色与乳突纹线一致，相应处理方法显色的一般为乳突纹线。例如，黑色瓷砖上用银色粉末显现的汗液加层手印，银色为乳突纹线，黑色为小犁沟线；白纸 A4 纸上的红色油印加层手印，红色为乳突纹线，白色为小犁沟线；黄色信封上用茚三酮显现的加层手印，紫色为乳突纹线，黄色为小犁沟线。

2. 判断检材手印的遗留部位

判断现场手印由何手、何指、何部位所留，有助于明确比对重点，提高鉴定效率。在手印检验鉴定记录表上，以手别、指（掌）位的形式体现对检材手印遗留部位的判断。

（1）区分手指与手掌痕迹。

①根据手印提取部位、方向和触及物体的动作进行判断。比如汽车后视镜的镜子上的手印，一般考虑手指拇指可能性大。

②根据手印面积大小和形状进行判断。一般拇指指印面积为 3cm×2cm，其他指印比拇指指印面积要小。如果遗留面积大于 3cm×2cm，或者在 3cm×2cm 面积内不能有效地发现指纹所特有的中心和三角，那么掌纹、指节纹的可能性大。

③根据乳突纹线粗细、纹线弯曲程度进行判断。指印乳突纹线通常较掌纹细，弯曲度更大。

④根据乳突花纹结构判断。箕型纹的区别，指纹的箕型纹面积小，外围弧度大，箕头较圆，三角位于箕形线一侧；手掌指根区箕形线面积大，三角位于箕头附近，有的有两个三角在两侧，有的掌外侧区箕头没有三角。三角的区别，指纹中的三角面积比较小，靠近中心一侧的弧度大，呈圆弧；靠根基的纹线多为横线；靠外围的纹线多为向中心的切斜线。掌三角面积大，三边形态接近，不易区别。

⑤根据屈肌褶纹、皱纹特点进行判断。手指屈肌褶纹短小，分隔了指纹和指节纹，上下部分形态不同；掌屈肌褶纹细长，被掌屈肌褶纹分隔的掌纹纹线形态相近。

（2）区分左、右手指印痕。

①根据人手接触物体表面的习惯动作和两手接触物体的协调动作方式判断。比如由窗外攀爬入室遗留的指纹，从室内看遗留在窗框左侧的指纹多为右手所留，窗框右侧的指纹多为左手所留。

②根据指印在物体表面的分布情况判断。如在圆柱形客体中部，指尖朝向左的指纹为左手遗留，指尖朝向右的为右手遗留。

③根据指纹的纹型类别判断。不同的指纹类型在左、右手上出现的频率有其自身的规律性。

弓型纹，中心轴上端向左倾斜的多为左手，向右倾斜的多为右手。

箕型纹，箕头向左的多为左手，箕头向右的多为右手。

斗型纹，曲形斗和双箕斗，中心曲线呈顺时针旋转的多为左手所留，相反多为右手所留。其他斗型纹可以结合细节特征"分歧、结合、起点、终点"判断，"分歧""起点"多为左手遗留，"结合""终点"多为右手遗留。

（3）区分手掌具体部位。

①根据手掌屈肌褶纹进行判断。

屈肌褶纹由手掌外侧流向食指指根部，在流向食指指根处时，纹线变浅且出现分叉，分叉开口方向向左即是右手所留，分叉开口方向向右即是左手所留。

三屈肌褶纹在手掌虎口处汇合，汇合流向处向左即是右手所留，汇合流向处向右即是左手所留。

腕部三角在第三肌褶纹左侧时多为左手遗留，腕部三角在第三肌褶纹右侧时多为右手遗留。

②根据手掌内侧部纹线形态及特点判断。

手掌内侧有呈片的方格状皱纹，纹线多为凹向拇指的弧形线组成，凹面向右说明是左手所留，凹面向左说明是右手所留。

③根据手掌外侧部纹线形态及特点判断。

手掌外侧纹线面积大，且纹线流向变化不大，没有指根区的箕头和三角，也没有内侧区的方格状皱纹。区域纹线特点是自掌心向外侧呈扩散状，"分歧""起点"增多，扩散方向向左为左手所留，扩散方向向右为右手所留。

（4）区分各指痕迹。

拇指印痕面积最大，指尖纹线及三角距花纹中心相对较远；指尖印痕相对其他指纹线弧度平缓，弧度较小；多在平整表面留下侧面印痕，多为一边斜直的大半圆锥形，圆弧凸向左的多为左手所留，圆弧凸向右的多为右手所留。

食指、中指、环指印痕面积居中，相互区别较小。实践中常常利用食指、中指、环指、小指相互的高低关系结合左右手区别综合判断。

小指印痕的面积最小，纹线密度最大，印痕多呈头部弯向内侧的弯条形，一般以侧面印痕出现。左小指遗留中心以左的侧面，右小指遗留中心以右的侧面。小指印痕很少单独出现。

指尖印痕一般呈圆形，可见纹线呈圆弧形。实践中以一侧手多指指尖印痕组合出现居多。分析判断时，先从多指指尖印痕的组合关系入手，结合提取部位，以及现场的动作习惯判断手别；或者出现在文件合同签字处的多为书写手遗留。

3. 确认手印的方向

确认手印的方向是确定手印形态花纹的先决条件。在手印检验鉴定记录表上体现为手印图片示例一般默认上方为上。分析确定时，一般先从手印的遗留情况入手，结合提取部位和提取方法，以及犯罪现场的动作习惯（前文检材的审查中有相关介绍），判断哪边是上（指尖、掌指根区方向），哪边是下（指纹根基、掌），必要时可以与样本手印对照观察，以确定位置。如果一时难以确定方位，则需要先对不同方向分别开展梳理，再进入深入检验部分。

4. 判断检材手印的花纹类型及形态

正确判断手印花纹类型（掌纹区域）可以是认定结论的先决条件，也可以是否定结论的重要依据。如果判断出相应手印花纹类型（掌纹区域）需要在手印检验鉴定记录表上予以记录，实践中由于是作为形态方面的判断依据，一般明确大类即可。在指纹中明确为弓型纹、箕型纹、斗型纹和混杂纹即可；在掌纹中明确指根区、内侧区、外侧区、指节纹即可。

（1）指头乳突花纹分类与命名。

指头乳突花纹分类与命名如下：

①弓型纹。

弓型纹是乳突纹线从一侧流向另一侧不返回，由弓形线的外围系统和横形线的根基系统上下层叠组成的花纹，没有三角。弓型纹的出现率很低，按照内部形态不同可分为弧形纹和帐形纹。

②箕型纹。

箕型纹是中心由一根以上完整的箕形线相套叠，上部及两侧由弓形线的外围系统包绕，下部由横形线和波浪线的根基系统组成的花纹，通常有一个三角。

③斗型纹。

斗型纹是中心由一根以上的环形线、螺形线或者曲形线相套叠或者层叠，或由环形线与螺形线相套叠构成内部系统，上部及两侧由弓形线的外围系统包绕，下部由横形线和波浪线的根基系统组成的花纹，通常有两个三角。

④混杂型纹。

混杂型纹是中心由两种以上的纹线系统混合，结构复杂不能归入弓、箕、斗的花纹。上部及两侧由弓形线的外围系统包绕，下部由横形线和波浪线的根基系统组成。实践中混杂型纹的出现概率极低。

根据各纹型的特点，在残缺指纹纹型的判断过程中，"三角"可起重要的参照作用。出现两个"三角"，排除重叠指纹和掌指根区后，斗型纹的可能性大。

（2）手掌乳突花纹的分类。

①手掌方向。

手掌有上、下、内、外等方向。上为指尖的方向，下为手掌腕部的方向，内为手掌拇指侧方向，外为手掌小指侧方向。

②手掌各区的划分。

纵界指延中指向下所做的中垂线。

横界指以第一屈肌褶纹外缘点为起点，向纵界做的垂直线。

指根区指手掌横界以上的整个区域。

内侧区指横界以下，纵界以内的区域。

外侧区指横界以下，纵界以外的区域。

（3）指节乳突花纹的结构和类型。

手印学中，指节乳突花纹是指头以下的第二指节和第三指节的乳突花纹。指节乳突花纹纹线粗大，多由弧形线和斜直线组成。按照形态结构不同，可以将指节乳突花纹分为平弧形、倾斜形和混合形三种基本类型。

5. 分析判断手印是否重叠和变形

判断重叠和变形的目的是帮助确定寻找、比对的特征点范围，并对差异点进行正确解释。手印检验鉴定记录表，会涉及对手印清晰程度以及重叠变形的判断。判断清晰程度是判断重叠的重要依据。重叠产生的原因大多是多次重复结果或者不同指、掌的前后重复捺印。重叠的表现形式有：出现两个以上的边缘；出现两个以上的中心花纹；纹线交叉或衔接不自然；出现多个中心或者多个同侧三角。

手印产生变形的主要原因是手印成行时造痕主体和承痕客体之间的相互扭动或者滑动。变形的表现形态为：

（1）整个手印痕迹变长或者缩短，局部纹线不自然地变直或者变弯。

（2）纹线各部分之间间隙宽窄不均，纹线粗细不均。

（3）中心畸形或者中心与三角的相对位置不相称。

6. 寻找和确定细节特征数量

寻找和确定细节特征数量是确定检材是否有同一认定条件的关键一步。需要在手印检验鉴定记录表上明确纪录可查见的细节特征点，以此作为确定此检材是否有同一认定条件的重要依据。

（1）手印的细节特征。

实践中业内按照宏观到微观的顺序对手印特征进行了分级，共分为三级。第一级特征为形态花纹特征（上文已经进行了说明）；第二级特征为细节特征；第三级特征为乳突纹线中的汗孔和纹线局部细节。细节特征属于第二级特征，分为三大类：乳突纹线细节特征、褶皱和皱纹特征、伤疤和脱皮特征。乳突纹线特征在鉴定中应用最广泛，分为起点、终点、分歧、结合、小点、小勾、小桥、小眼、小棒 9 种，本质上是端点、分叉、小点的组合。褶皱和皱纹特征、伤疤和脱皮特征具有特殊性。寻找和确定细节特征时，我们既要确定乳突纹线细节特征，也要寻找发现褶皱和皱纹特征、伤疤和脱皮特征。

（2）寻找和确定细节特征的方法。

清晰的部分按照先重点后一般的顺序，从能确定中心或者三角的地方开始寻找；从清晰的部位开始寻找；从稀有、少见的重点特征点开始寻找。

模糊的部分利用两头数线法，确定纹线流向的前端的线数和后端的线数，可以推断出模糊区域的特征点。例如，纹线流向上方 3 条线、下方 4 条线说明中间区域会有至少一个特征点。这种分析法只适合于认定的案例中，对于否定的案件需要慎重。

7. 判断检材手印是否有同一认定条件

判断检材手印是否有同一认定条件是检验阶段的重要环节，决定了检验鉴定的走向。

（1）具备同一认定条件的标准。

关于细节特征数量与检材是否有同一认定条件的关系，中外指纹学书籍都表示，需要看特征点的质量，即细节特征之间相互位置的特殊性。实践中公安领域对细节特征数量做了最低要求，《指纹鉴定法》（IFSC 07-02-01-2006）明确"当检材指印与样本指印种类特征相符、两者的相应部位至少具有 8 个细节特征点相符、没有差异或差异可以得到合理解释，出具认定结论"；《掌纹鉴定法》（IFSC 07-03-01-2006）明确"当检材掌印与样本掌印种类特征相符、两者的相应部位至少具有 12 个细节特征点相符、没有差异或差异可以得到合理解释，出具认定结论"（脚掌纹印、手指节纹印、脚趾节纹印的鉴定方法与手掌纹印的鉴定方法相同）。根据标准文件，公安领域具有同一认定条件的检材指纹最少需要 8 个特征点，掌纹、指节纹最少需要 12 个特征点。

这里补充一点，当检材手印同时出现指纹和指节纹，且指纹区域和指节纹区域纹线连贯，没有重叠和变形，在计算特征点数的时候可以合并计算，数量以 12 个点为准。

（2）检验鉴定的走向。

如果分别检验发现某个检材手印不具备同一认定条件，那么不需要再进行样本手印的检验，经过第二检验人确认后，直接在手印检验鉴定记录表上出具不具备同一认定条件的检验结果，检验阶段完成。

如果确定检验手印具有同一认定条件，进入分别检验的样本检验环节，完成后进入比较检验。

（二）样本手印的初步检验

在样本的初步检验阶段，在手印检验鉴定记录表中需要明确样本性质，属于十指指印、双手掌印、十指指节印其中一个还是皆有；明确乳突纹线颜色；明确是否重叠变形；明确是否具备同一认定条件。对不具备同一认定条件的，可以要求委托单位补充捺印或者重新捺印，再次补充送检；其送检时间、再次开始检验时间均应当在手印检验鉴定记录表上予以记录。

1. 样本手印的同一认定条件的标准

样本手印是否具备同一认定条件的标准与前文中检材手印是否具备同一认定条件的标准相一致：在指纹没有重叠和变形的部位发现至少 8 个特征点；或者在掌纹（指节纹）没有重叠和变形的部位发现至少 12 个特征点，便认为具备同一认定条件。

2. 是否重新捺印或者补充捺印

样本手印是为了与检材手印对比而提供的，因而样本手印检验是有针对性开展的。实践中，如果只有 1 个检材手印且在初步检验阶段明确了指（掌）位的，可仅在样本的对应的指（掌）位检查是否需要补充捺印或者重新捺印。比如检材手印通过判断是斗型纹，那么仅需要检视样本手印的所有斗型纹是否需要补充捺印或者重新捺印即可，不必检视其他纹型和掌纹。这里特别提示，检材初步检验中左右手的判断具有概率性，不是必然的，只能作为确认重点排查对象的提示，不能作为检视的样本依据。实践中我们仅通过确定检材手印为指纹（纹型）或者掌纹位置判断检视的方向。

如果确实需要补充捺印或者重新捺印，那么可以联系委托单位，说明情况，要求补充捺印样本手印后再次判断。这里特别提示，在公安业内捺印的人员指纹卡中既有三面捺印，也有平面捺印和掌纹捺印，都是捺印在一张人员捺印卡上的。平面捺印的目的是避免三面捺印时出错，再次捺印指纹明确指位，其中既有指节纹也有指纹。掌纹捺印中也会反映出指纹和指节纹。一般送检样本的时候都是以人员指纹卡形式全套送检，所以在样本检验的时候，如果三面捺印的指纹清晰度不好，可以选择条件较好的平面捺印或者掌纹捺印上的指纹参与检验鉴定，不必重新捺印。

三、比较检验

比较检验实践中又称为比对检验，是指在初步检验的基础上，通过比较检材手印和样本手印形态花纹特征、细节特征、汗孔和纹线局部细节特征及组合，并发现两者之间的符合点和差异点，为综合评断提供依据。

比较检验时，先对形态花纹特征进行比较，再对细节特征进行比较，进而结合乳突纹线中的汗孔和纹线局部细节特征进行佐证判断，最后在手印检验鉴定记录表上记录符合点特征数、差异点特征数。比对检验都需要在同倍大小的条件下进行。

（一）比较形态花纹特征

比较形态花纹特征是指将送检检材手印与样本手印置于放大镜下逐一比对形态花纹特征是否相符。形态花纹特征是手印的一级特征，反映的是手印宏观情况，可以因形态花纹特征不相符快速以否定结论进入下一步综合评断。

1. 指纹形态花纹特征比较

比对顺序依次是纹形、中心至左右三角间相隔线数、纹线流向、弧度、密度。

首先比较纹型，若检材手印为斗型纹而样本手印皆为箕型纹，纹型均不相符，直接以否定结论进入下一步综合评断。

若经比较纹型相符，再观察中心至左右三角间相隔线数，若相隔线数均不相符，直接以否定结论进入下一步综合评断。

若经比较纹型和中心至左右三角间相隔线数均相符，结合纹线流向、弧度、密度比较样本手印。纹线流向、弧度、密度反映的是一组手印细节特征集合的趋势，是一组细节特征的宏观展示，在初步检验阶段是左右手手别判断的重要依据，可以作为在比对检验中否定方向的依据，在实践中更多的是经验上的分析判断。若初学者不能很好掌握这个环节，可以通过观察、临摹样本手印来提高对纹线流向、弧度、密度的认识。对有经验的专业人士若纹线流向、弧度、密度不相符，可以直接以否定结论进入下一步综合评断。若相符或者这一步不能判断，可以进入细节特征比较阶段。

中心花纹的倾斜方向的比较也是比对检验中判断的参考指标，但是对于有变形的检材手印，不建议初学者使用这个指标直接下否定结论进入下一步综合评断，建议进入细节特征比对环节。

需要注意的是形态花纹特征比对的目的是帮助我们提高效率，更快地识别出否定的情况。实践中如果有的检材手印不能明确纹型，或者没有反映出三角，那么直接进入细节特征比对环节即可。

2. 掌纹形态花纹特征比较

比对顺序依次是纹线形态、花纹类型，纹线流向、弧度、密度，屈肌褶纹和皱纹。

首先比较纹线形态、花纹类型。掌纹的纹线形态、花纹类型是区别掌纹各区的重要指标。如果确定检材手印是掌指根区，那么在对应的样本手印区域检视，寻找相符合的区域，若双手指根区均不相符，直接以否定结论进入下一步综合评断。

其次比较纹线流向、弧度、密度。和指纹的比较检验一样，掌纹纹线流向、弧度、密度反映的是手印特定部位细节特征的宏观情况，可以作为比对检验中否定方向的依据。

最后比较屈肌褶纹和皱纹。屈肌褶纹或者皱纹在整个手掌上都有分布，是高价值的手印的一级特征，在掌纹形态定位中非常关键，可以作为否定的依据。屈肌褶纹或者皱纹相符是进入掌纹细节特征比对的关键。

（二）比较细节特征

相对于前一步形态花纹特征比对，比较细节特征更深入。比较细节特征的任务就是寻找符合点和差异点。需要在手印检验鉴定记录表上记录符合点和差异点的数量。

前文中提到细节特征属于第二级特征，分为三大类：乳突纹线细节特征、褶皱和皱纹特征、伤疤和脱皮特征。乳突纹线特征在鉴定中应用最广泛，分为起点、终点、分歧、结合、小点、小勾、小桥、小眼、小棒9种，本质上是端点、分叉、小点的组合。褶皱和皱纹特征、伤疤和脱皮特征由于形成有特殊性，属于高价值特征。细节特征具有特定性，是个体识别的主要判断依据。可以凭借细节特征是否相符，进入下一步综合评断环节。如果比较中确定不相符，可以作为比对检验中否定方向的依据，直接进入综合评断阶段。

细节特征比对方法为将送检检材手印与样本手印置于放大镜下逐一比对细节特征是否相符。如，检材手印上反映的是"起点"，对应样本手印上是否是"起点"；检材手印上反映的是"结合"，对应样本手印上是否是"结合"；检材手印上反映的是"小眼"，对应样本手印上是否是"小眼"。

1. 确定基点

首先要确定两三个可靠的特征点组合，作为扩散寻找的基点。可靠的特征点组合即是少见的、重复率低的特征的组合，可以是高价值的皱纹、伤疤特征；也可以是小点、小勾、小桥、小眼、小棒这样的少见特征。实践中如果没有以上特征，可以尝试"反向特征"组合。举个例子，在一片纹线向右增多的区域，会出现很多分歧、起点特征，这样的组合有很多耦合性，如果可以在这样的组合里面找到一个终点或者结合，与区域内主流特征"反向"，这个"反向特征"与周围特征的组合我们称为"反向特征"组合。在实践中，"反向特征"组合属于很实用的基点，通过掌握的手印纹线的宏观流向很容易寻找到。

2. 扩散寻找特征点

其次以确定的基点，按照间隔线数关系扩散寻找其他细节特征。要求点与点之间相互对应，间隔线数相同。如，检材手印反映的是"起点"正上方三根线位置有一个"终点"，对应样本"起点"正上方三根线位置是否有"终点"。对所找出的特征逐一对照检视。

3. 特征点标识

最后按照符合点红色，差异点蓝色划线标记，并按照顺时针方向标记。特征点标识时用直线段，起点在特征点上，各常见特征的标识见附件3-3　手印检验鉴定记录表。手印特征点的标识可以在电脑上完成，用彩色打印，可用 Word 或者 Photoshop 辅助完成划线标识，也可以手工划线。

关于特征点标识的标准，公安行业标准规定《手印鉴定文书规范》（GA/T 145-2019）规定"特征点的标定顺序一般从右上方开始，按照顺时针方向依次编号，标线应准确指示在特征点位置上。各条标线之间不应交叉，并呈一定的角度或放射状分布，保持标定布局清晰、整洁、美观。现场手印与样本手印相同特征点应画平行线，保证特征点标线方向相同"。由于鉴定文书的特征比对附图引用的是手印检验鉴定记录表中的特征点标识图，所以手印检验鉴定记录表也必须符合此标准。

（1）特征点标识照片的选择。手印照片可以是彩色或者黑白照片，需要同倍放大。一般指纹放大3~5倍，掌纹放大1~2倍，手印照片应添加比例尺。

（2）起始位置和顺序。特征点的标定按照顺时针方向，从1点钟方向开始，用阿拉伯数字标识。

（3）标线的角度和分布。标线与所指示的特征要有一定的角度，相互垂直最好，不能顺着纹线标识，线与线之间不能交叉，目的是所指特征清晰、明确。同时，要考虑整体布局的问题，尽量美观。

4. 其他比对方法

（1）特征点连线比对法。

其方法是把检材手印和样本手印上的特征先标注点，然后用直线把相邻的特征点串联起来，这样就可以构成图形，比对所构成图形的面积、角度、大小等特征。

（2）特征重叠法。

特征重叠法将检材手印和样本手印按相同部位重叠起来，比较特征差异点和符合点。重叠比对是对纹线的弧度，特征的形态、大小位置，纹线流向、距离、密度等进行总体比对的方法。特征重叠法是手印检验的早期方法，之前运用的是底片重叠比对、透明片重叠比对，现在可以用图像处理软件提取纹线来进行重叠比对。

以上两种方法都只适用于清晰、变形少的手印检验，对于模糊、变形大的手印检验效果差。从另一个角度来看，对于复杂的变形的手印检验，此方法可以反过来倒推分析变形区域。

（三）结合乳突纹线中的汗孔和纹线局部细节特征（三级特征）进行佐证判断

乳突纹线中的汗孔和纹线局部细节特征（三级特征）的比较，较前一步细节特征比较更微观。三级特征反映了每个纹线单元的排列和形状、汗孔形态、汗孔的相对位置。与二级特征一样三级特征也具有特异性和稳定性，但由于还属于新技术方法，很多规则标准不完善，实践中仅作为认定的佐证判断，一般不以三级特征的差异下否定结论。

三级特征的方法和细节特征的方法适用基本一致。由于遗留和显现原因，检材手印能反应汗孔的并不多。三级特征在实践中多以纹线局部细节特征形式出现，主要反映纹线的粗细变化。

（四）记录符合点、差异点特征数

比较检验后需要在手印检验鉴定记录中记录观察到的符合点数量和差异点数量。

四、综合评断

综合评断是手印检验的最后一个程序。通过前期对检材手印和样本手印的初步检验和比较检验，对检材和样本的形态花纹特征、细节特征、汗孔和纹线局部细节特征以及二者之间的差异点和符合点都有了准确的了解。综合评断就是对分别检验、比较检验中细节特征的差异点和符合点进行分析，最后在手印检验鉴定记录表上记录检验鉴定意见的过程。做出认定结论的，需要对差异点分别进行解释。

（一）评断检材手印与样本手印相同特征的质量和数量

根据《指纹鉴定法》（IFSC 07-02-01-2006）、《掌纹鉴定法》（IFSC 07-03-01-2006）的要求，公安领域具有同一认定条件的检材指纹最少需要 8 个特征点，掌纹、指节纹最少需要 12 个特征点。

在认定结论中，特征的质量和数量具有互补性。特征质量高那么数量可以少一点，特征质量低那就需要提高对数量的要求。特征质量判断的原则是这些特征的特定性和稳定性要强。实践中高质量特征有伤疤和褶皱；前文细节特征比较检验中的"反向特征"；细节特征中少见的小点、小勾、小桥、小眼、小棒特征。对于这种高质量特征相符的，特征周围能清晰反映指纹 8 个、掌纹 12 个以上且没有差异点的可以以认定方向进入下一步合理性解释。对于低质量特征相符的，如纹线流向一致的同向增多特征，需要扩大面积全面查找特征，特征周围能清晰反应指纹 20 个、掌纹 30 个以上相符的特征且没有差异点的可以以认定方向进入下一步合理性解释。

在否定结论中，数量不是一个主要的衡量标准。1~2 个清晰、无变形的高价值特征在对应的检材或者样本处没有反映出来，就可以直接下否定结论。

（二）评断检材手印与样本手印差异的性质和产生的原因，以及能否做出合理性解释

业内认为差异可以分为本质的差异和非本质的差异。合理性解释就是判断差异点产生的原因并归类是否是本质性差异。

1. 本质差异

本质差异就是两个本不是一个手所留的手印之间的差异。各手印具有各自的一般特征或者细节特征组合，反映手印的不同本质，是矛盾的主要方面，是做出否定意见的依据，特征的差异是本质性的。

2. 非本质差异

同一人同一手同一部位在遗留手印时，受到其他条件因素影响引起的特征变化，是非本质的差异，不能成为检验鉴定的依据。

"特征互换"是最常见的细节特征的非本质变化。变化的共同点是压力导致纹线特征的变化，压力小纹线细，有的连接的纹线会随着力的作用变分离；压力大纹线粗，有的分离的纹线会随着力的作用变连接，即"特征互换"，这种特征变化是非本质差异。实质是单个特征合理的偏差，如在检材手印上某纹线是独立的一个"起点"，而样本手印上纹线向上靠变成了"分歧"。造成转换的原因有很多，不只限于手印形成时作用力不同，也有承痕客体表面因素、显现方法不同、捺印油墨附着不好等多种因素。特征互换非常常见，一个人多次油墨捺印也可能出现特征互换的情况。起点与分歧之间可以互换；终点与结合之间可以互换；小点、小勾、小桥、小眼、小棒五者之间可以互换。

判断差异产生在检材手印上还是样本手印上是非本质差异深入分析的基础。实践中，先确认样本，可以利用捺印卡片上的三面捺印与平面捺印相互鉴别，也可以再次补充捺印或者利用此人的重卡鉴别。如果样本可以确定无误，那么可以认为差异来自检材手印。

形成非本质差异的因素主要有以下几种：

（1）形成手印时力的作用因素。

手指呈半球形，皮肤柔软，在与客体接触时，受作用力大小、方向和手指特点的影响，手指的表面皮肤产生拉伸、挤压、拧动等变化，手印也同样产生变化。主要表现在以下两方面：

手印种类特征的变化。作用力不同会造成手印的纹型种类、形状、流向以及纹线弯曲度、间隔线数等形态的变化。如箕型纹可以严重变形成斗型纹。

皱纹的变化。压力大皱纹纹线变细、变短或者消失；压力小皱纹纹线变粗、变长。

（2）承痕客体形状引起的变化。

承痕客体外形的影响。如果客体是柱面，或者立体表面，在手印遗留的过程中，手指很容易受力的作用引起遗留手印变形。实践中，可以通过查看检材手印的提取部位来确认承痕客体外形。

承痕客体表面因素。粗糙的承痕客体表面会引起手印细微特征的变化；手指作用力方向与承痕客体接触面的倾斜角度会引起手印面积的局部变化。实践中，可以通过查看检材手印的提取部位、手印照片的概貌照片来确认承痕客体的表面因素。

承痕客体可塑性影响。弹性大的承痕客体上遗留的手印面积很可能会变大。实践中，可以通过查看检材手印的提取部位来确认承痕的可塑性因素。

（3）形成手印的介质、显现方法引起的变化。

实践中要借助鉴定事项确认书中的手印提取部位、提取方法的记录和手印检验鉴定记录表中对手印种类、性质的判断进行具体分析。可以多次重复实验，发现总结规律。

胶带上用碳素墨水显现法显现的检材手印，会因为胶带上的杂质引起特征的局部变化，会因为墨水附着程度的影响引起特征的局部变化。

红色油墨捺印的检材手印，可能因为油墨上的杂质，或者油性签字笔的影响产生局部变化。

"502"胶显现法显现的检材手印，可能由于局部加湿不同，部分熏现过度，引起纹线模糊，特征形变。

（4）捺印操作不当引起的变化。

捺印环节的形态变化主要是手与纸接触时作用力变化引起的。捺印在形成过程中完成了手指近180°的转动，转动过程中作用力对纹线的挤压引起的特征形变是捺印环节引起特征形变最主要的形式。三面捺印时由左向右的手指滚动、平面捺印时由下向上的手指滚动、掌纹捺印时由掌心向指尖的抬起动作，这些滚动动作都会引起特征形变。这种特征变化是偶发的，可以利用捺印卡片上的三面捺印与平面捺印相互鉴别，也可以再次补充捺印或者利用此人的手印重卡（同一人多次采集录入的人员指掌纹信息卡）鉴别。

（5）伤疤引起的变化。

伤疤引起的变化要借助检材手印产生的时间和样本手印捺印的时间来判断，即在符合逻辑的情况下，排除伤疤区域，验证伤疤附近的特征点种类、形态、位置、距离、相互关系是否相符确定是否是非本质差异。

3. 检验鉴定实验

对于特殊的非本质差异，可以做检验实验予以验证。检验实验需要尽可能还原模拟检材手印或者样本手印形成环境，重复多次予以证实合理性解释。

做好实验记录，记录检验实验的时间、地点、还原的环境（显现）条件、内容和结果。可以用文字、图样的形式记录固定，最后由实验人签字附在检验记录后，作为合理性解释的依据。

（三）非本质差异的解释、出具检验意见

1. 非本质差异的解释

在手印检验鉴定记录表中需要明确对非本质差异的解释，何种原因引起的差异变化，有多个差异点的需要逐一说明。否定结论不需要填写此项。

2. 固定认定结论的特征点标识图

在手印检验鉴定记录表特征比对图部分予以图示认定结论的比较检验阶段特征点标识图。出具其他结论的可以只附检材手印和样本手印图片，不予标识特征点。

3. 出具检验意见

检验意见需要综述比对检验、综合评断工作，从种类特征、纹型和中心花纹的倾斜方向、中心与左右三角距离、纹线流向和弧度、细节特征等角度阐述是否符合，对本质差异或者非本质差异进行综合性阐述。

第四节　手印鉴定文书的制作

手印鉴定文书是鉴定机构表达手印鉴定意见的司法文书，是重要的证据。手印鉴定文书制作过程依据行业标准《公安机关鉴定规则》（2017版）、《法庭科学 手印鉴定技术规程》（GA/T 724-2019）、《手印鉴定文书规范》（GA/T 145-2019）、《文件上可见指印鉴定技术规范》（SF/ZJD0202001-2015）、公安部物证鉴定中心《指纹鉴定法》（IFSC 07-02-01-2006）、《掌纹鉴定法》（IFSC 07-03-01-2006）选择进行。

一、手印鉴定文书的要素

手印鉴定文书包含以下要素（参见附件3-5　鉴定文书）：

①标题；

②手印鉴定文书的唯一性标识和每一页的页码；

③手印鉴定委托单位的名称、送检人姓名；

④受理鉴定委托的时间；

⑤与手印鉴定相关的案情摘要，要求文字精简；

⑥检材手印和样本手印的情况；

⑦手印鉴定要求；

⑧手印检验鉴定开始的时间、地点；

⑨手印鉴定使用的标准方法；

⑩手印鉴定过程；

⑪手印鉴定文书中应当写明论证情况和鉴定意见，检验报告中应当写明检验结果；

⑫手印鉴定人的姓名、职称、签名；

⑬完成手印鉴定文书的时间；

⑭手印鉴定机构的声明；

⑮手印鉴定文书的附件。

二、手印鉴定文书的形式

手印鉴定文书分为鉴定书、检验报告两种形式。

鉴定书是鉴定意见为认定意见或者否定意见的鉴定文书，内容包括封面页、声明、正文（含标题、绪论、检验、论证、鉴定意见、鉴定人署名及日期）、附件（照片声明）四部分。

检验报告是鉴定意见为不具备鉴定条件或者不具备同一认定条件的鉴定文书，内容包括封面页、声明、正文（含标题、绪论、检验、检验结果、鉴定人署名及日期）、附件（照片声明）四部分，检验报告的正文没有论证环节。

实践中，对于一个鉴定委托，一般不会因为有多个检材就拆分出具多份鉴定文书，以避免委托方只呈现部分鉴定意见。对于一份鉴定委托涉及多个检材，其结论既有认定鉴定意见（需要出具鉴定书），又有不具备同一认定条件鉴定意见（需要出具检验报告）的，合并出具一份鉴定书。出具的文书内容格式与鉴定书要求一致，在论证环节不需要对不具备同一认定条件的检验结果进行论述，鉴定意见处写明"某检材不具备同一认定条件"即可。

三、手印鉴定文书的内容

1. 绪论

（1）委托单位、委托人、受理时间、案情摘要。

委托单位、委托人、受理时间、案情摘要依照前期确认的鉴定事项确认书有关内容，完整填写。

（2）检材和样本。

依照前期确认的鉴定事项确认书有关内容，逐一列出检材手印和样本手印，并附带其唯一性编号。委托单位分多批次送交检材手印和样本手印时，需分批次注明送交时间。

（3）鉴定要求。

依照前期确认的鉴定事项确认书有关内容，完整填写鉴定要求，也可以统称"手印检验"。对于重新鉴定的，应当写明原鉴定情况以及重新鉴定的原因、内容。

（4）检验开始时间、检验地点。

手印鉴定文书应写明开始进行检验的时间、地点，涉及多次分批送达检材手印和样本手印的，需分批次注明检验开始时间。

2. 检验

客观描述前期对检材手印和样本手印的检验工作，包括标准方法的选用、分别检验、比较检验。

（1）标准方法的选用。

按照本系统和单位的要求选择合适的标准。

（2）分别检验。

逐一描述检材手印和样本手印的初步检验工作。

检材手印基本要素有：

①明确检材手印的提取部位、提取方法、送检形式。

②明确检材手印乳突纹线颜色。

③明确检材手印的遗留部位、手印的方向、花纹类型及形态。

④明确检材手印是否重叠和变形，确定的细节特征数量。

⑤明确检材手印是否具备同一认定条件。

样本手印基本要素有：

①明确样本手印的采集方式、送检形式。

②明确样本手印乳突纹线颜色。

③明确检材手印是否重叠和变形，是否具备同一认定条件。

（3）比较检验。

逐一描述检材手印与对应样本手印比较检验工作。

比较检验的基本要素：

①检材手印与对应样本手印基于花纹类型及形态、纹线流向的比较是否相符。

②检材手印与对应样本手印基于细节特征在形态、方向、位置、间隔线数和布局等方面是否相符，如相符需要写明相符的细节特征数量。

3. 论证

对检验发现的检材手印和样本手印的花纹类型及形态特征、细节特征的相符点和差异点进行综合评断，概括论述鉴定意见的科学依据。

相符点的数量、质量是否构成特定相符，是否具有不可重复的特定性，是否可以作为同一认定的依据。

说明差异点的数量、质量、形成原因是否可以科学解释或者通过实验验证，是否是非本质的。

4. 鉴定意见

手印鉴定意见有四种情况：认定意见、否定意见、不具备同一认定条件意见、不具备鉴定条件意见。

（1）认定意见。

检材手印和样本手印的花纹类型及形态特征相符、两者对应部位细节特征点相符，没有差异点或者差异点属于非本质差异，出具认定意见。形式如"检材手印与样本手印的×手×指（掌）是同一人所留"。

（2）否定意见。

检材手印和样本手印的花纹类型及形态特征不相符、两者对应部位细节特征点不相符，有差异点且属于本质差异，出具否定意见。形式如"检材手印与样本手印的×手×指（掌）不是同一人所留"。

（3）不具备同一认定条件意见。

检材手印经初步检验，没有达到同一认定条件标准，出具不具备同一认定条件意见。形式如"检材手印不具备同一认定条件"。

（4）不具备鉴定条件意见。

检材手印与样本手印经比较检验，未在样本手指上找到检材手印的对应位置，且不能下否定结论的，出具不具备鉴定条件意见。形式如"检材手印与样本手印相比，不具备鉴定条件"。

5. 鉴定人署名及日期

详见总则。

6. 鉴定机构用章

手印鉴定文书用章一般规范详见总则。

手印鉴定文书对照片附件上有特殊要求，对于粘贴在文书上的手印照片，要求在每个手印照片与页面空白处加盖印章（保证每张照片都不能被替换）。直接打印在文书上的手印照片附件页无此要求，按总则要求加盖骑缝章即可。

7. 照片附件

手印鉴定书照片是对正文部分的印证，包括检材手印照片、样本手印照片、特征比对照片，有条件的应增加检材手印原貌照片。

（1）检材手印照片。

检材手印照片包含原大照片和放大照片，有条件的应增加原貌照片，以更好地反映检材手印的原始情况、提取部位和提取方法。照片均应当加入比例尺。

指印放大 3~5 倍，掌印放大 1~2 倍。

检材手印的左侧为原大照片，右侧为放大照片，照片下方注明"检材手印照片"，并标明提取部位和提取方法。

（2）样本手印照片。

样本手印选择与检材手印对应的部位，放大比例和布局与检材手印照片要求一致，照片下方注明"样本手印照片"，并标明手别以及属于三面捺印、平面捺印或者局部捺印的哪一种。

（3）特征比对照片。

特征比对照片用于整体反映检材手印和样本手印的相符点和差异点。两者同比例放大，与之前检材手印和样本手印放大照片使用相同的放大比例。布局为检材手印在上，样本手印在下。

特征比对照片应全面、准确地标注出手印的特征，符合点用红色标准，差异点用蓝色标准。鉴定文书上的特征比对照片与检验记录上的特征比对照片一致。

四、手印鉴定书的存档、生效

详见总则。

附件 3-1　手印鉴定委托书

鉴定委托书

委托书编号：〔2022〕第 000×号

委托鉴定单位				××市公安局刑事侦查大队	委托时间	2022 年 10 月 3 日
送检人	姓名	××	证件	工作证	证件号码	×××××
	姓名	××	证件	工作证	证件号码	×××××
	通信地址	××市蜀州北路××号			邮政编码	×××××
	联系电话	××××××			传真号码	
鉴定机构名称				××市公安局物证鉴定所		
案件名称		2022.9.8××市××镇××村×组×号杨××家被盗案			案件编号	A9101849910002022090901
案件简要情况		2022 年 9 月 8 日，××市××镇××村×组×号杨××家被盗案。				
原鉴定情况		无				
送检的检材和样本情况		1 号检材：现场借据落款时间处直接照相提取的手印痕迹一枚，照片形式送检。（J91011236000020220237） 2 号检材：现场门把手上磁粉刷显提取的手印痕迹一枚，照片形式送检。（J91011236000020220238） 3 号检材：现场窗台框上磁粉刷显提取的手印痕迹一枚，照片形式送检。（J91011236000020220239） 4 号检材：现场镜子上磁粉刷显提取编号为 A 的手印痕迹一枚，照片形式送检。（J91011236000020220240） 5 号检材：现场镜子上磁粉刷显提取编号为 B 的手印痕迹一枚，照片形式送检。（J91011236000020220241） 1 号样本：嫌疑人唐××的十指指纹及掌纹捺印样本各一份。（Y91011236000020220237） 备注：（其上填注内容中有：姓名唐××，性别男，出生日期 1983 年 5 月 11 日，地址××省××县天康乡××坝村×组××号。） 2 号样本：嫌疑人周开宇的十指指纹及掌纹捺印样本各一份。（Y91011236000020220002） 备注：（其上填注内容有：姓名周××，性别男，出生日期 1982 年 11 月 8 日，地址：××市××区××镇××村××组××号。）				
委托鉴定单位的鉴定要求和诚信声明		鉴定要求： 分别检验鉴定送检检材与样本是否同一。 我单位向你鉴定结构介绍的情况客观真实，提供的检材和样本等来源清楚可靠。 负责人签字： 　　　　　　　　　　　　　　　年　月　日				

附件 3-2 鉴定事项确认书

鉴定事项确认书

S91010036030320220001

编号：〔2022〕第 000×号

鉴定机构		××市公安局物证鉴定所		
委托	委托单位	××市公安局刑事侦查大队		
	委托书编号	91010036030320220001		
送检人员	姓名	××	证件名称/号码	工作证/××××××
	姓名	××	证件名称/号码	工作证/××××××
	单位地址	××市蜀州北路 125 号	联系电话	××××××
案件名称		2022.9.8××市××镇××村×组×号杨××家被盗案		
案件编号		A91018499910002022090901		
简要案情		2022 年 9 月 8 日，××市××镇××村×组×号杨××家被盗案。		
检材样本情况		 1 号检材：现场借据落款时间处直接照相提取的手印痕迹一枚，照片形式送检。（J91011236000020220237） 2 号检材：现场门把手上磁粉刷显提取的手印痕迹一枚，照片形式送检。（J91011236000020220238）		

134

检材样本情况	 3 号检材：现场窗台框上磁粉刷显提取的手印痕迹一枚，照片形式送检。（J91011236000020220239） 4 号检材：现场镜子上磁粉刷显提取编号为 A 的手印痕迹一枚，照片形式送检。（J91011236000020220240） 5 号检材：现场镜子上磁粉刷显提取编号为 B 的手印痕迹一枚，照片形式送检。（J91011236000020220241） 1 号样本：嫌疑人唐××的十指指纹及掌纹捺印样本各一份。（Y91011236000020220001） 备注：（其上填注内容中有：姓名唐××，性别 男，出生日期 1983 年 5 月 11 日，地址××省××县××乡××村××组××号。） 2 号样本：嫌疑人周××的十指指纹及掌纹捺印样本各一份。（Y91011236000020220002） 备注：（其上填注内容有：姓名周××，性别 男，出生日期 1982 年 11 月 8 日，地址：××市××区××镇××村××组××号。）
鉴定要求	分别检验鉴定送检检材与样本是否同一。
适用技术标准	《法庭科学 手印鉴定技术规程》GA/T 724-2019、《手印鉴定文书规范》GA/T 145-2019、《指纹鉴定法》IFSC 07-02-01-2006、《掌纹鉴定法》IFSC 07-03-01-2006
双方约定	可以消耗使用。取回检材和样本。 　送检人：　　　　　　　受理人： 　　　　年　月　日　　　　　　年　月　日

鉴定文书和相关检材等的领取情况取回约定	领取人：　　　　　　　经办人： 　　年　月　日　　　　　年　月　日
鉴定机构承诺	公平公正、主体合法、程序规范、方法科学、结论准确
备注	痕迹检验 不收费　受理时间：　　年　月　日

附件 3-3 手印检验鉴定记录表

手印检验鉴定记录表 1

受理编号：S91010036030320220001　　检材编号：J91011236000020220237

1. 基本情况	送检单位	××市公安局刑事侦查大队		受理日期			送检人	××，××
2. 检材手印	手印性质		汗液（潜）□ 血（潜）□ 油质☑ 灰尘□ 其他：					
	提取方法	直接照相		清晰程度		清晰☑ 不清晰□		
	手印种类	立体□ 平面☑	加层☑ 减层□	指印☑ 掌印□	手别	左□ 右☑	指（掌）位	右手拇指
	纹型	斗	纹线颜色	红色	重叠变形	无	细节特征数量	12
	同一认定条件		具备☑ 不具备□					
3. 样本手印	样本名称		十指指印☑ 双手掌印☑ 十指指节印☑其他：					
	提取方法	捺印		指（掌）位		右手拇指		
	纹型	斗	纹线颜色	黑色	重叠变形	无	细节特征数量	18
	同一认定条件		具备☑ 不具备□					
4. 采用的手印鉴定方法	指印鉴定方法 IFSC 07-02-01-2006 ☑			掌印鉴定方法 IFSC 07-03-01-2006□				
	法庭科学 手印鉴定技术规程 GA/T 724-2019 ☑			《手印鉴定文书规范》GA/T 145-2019 ☑				
5. 比对检验	吻合特征数量	12	差异特征数量	0	纹线流向	一致		
	差异点的解释		未见明显差异					
6. 检验意见	两者种类特征相同，细节特征相符，以及细节特征间的相互关系方面均一致，已构成指定同一。							

特征比对照片

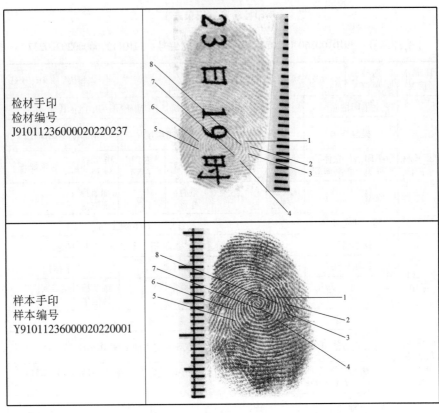

检材手印 检材编号 J910112360000020220237	
样本手印 样本编号 Y910112360000020220001	

检验人：　　　　　年　月　日　　　　　年　月　日

手印检验鉴定记录表 2

受理编号：S9101003603032020220001　　检材编号：J910112360000020220238

<table>
<tr><td rowspan="7">1. 基本情况</td><td>送检单位</td><td colspan="3">××市公安局刑事侦查大队</td><td>受理日期</td><td></td><td>送检人</td><td colspan="2">××，××</td></tr>
</table>

<table>
<tr>
<td rowspan="7">1. 基本情况</td>
<td>送检单位</td>
<td colspan="4">××市公安局刑事侦查大队</td>
<td>受理日期</td>
<td></td>
<td>送检人</td>
<td colspan="2">××，××</td>
</tr>
<tr>
<td rowspan="7">2. 检材手印</td>
<td colspan="2">手印性质</td>
<td colspan="7">汗液（潜）☑ 血（潜）□ 油质□ 灰尘□ 其他：</td>
</tr>
<tr>
<td colspan="2">提取方法</td>
<td colspan="2">磁粉刷显</td>
<td colspan="2">清晰程度</td>
<td colspan="3">清晰☑ 不清晰□</td>
</tr>
<tr>
<td>手印种类</td>
<td>立体□
平面☑</td>
<td>加层☑
减层□</td>
<td>指印☑
掌印□</td>
<td>手别</td>
<td>左☑
右□</td>
<td>指（掌）位</td>
<td colspan="2">左手中指及其第二指节区</td>
</tr>
<tr>
<td>纹型</td>
<td>未见纹型</td>
<td>纹线颜色</td>
<td>黑色</td>
<td>重叠变形</td>
<td>无</td>
<td>细节特征数量</td>
<td colspan="2">15</td>
</tr>
<tr>
<td colspan="2">同一认定条件</td>
<td colspan="7">具备☑ 不具备□</td>
</tr>
<tr>
<td colspan="2"></td>
<td colspan="7"></td>
</tr>
</table>

3. 样本手印	样本名称	十指指印☑ 双手掌印□ 十指指节印☑其他：					
	提取方法	捺印		指（掌）位		左手中指及其第二指节区	
	纹型	弓	纹线颜色	黑色	重叠变形	无	细节特征数量	18
	同一认定条件	具备☑ 不具备□					

4. 采用的手印鉴定方法	指印鉴定方法 IFSC 07-02-01-2006 ☑	掌印鉴定方法 IFSC 07-03-01-2006 ☑
	法庭科学 手印鉴定技术规程 GA/T 724-2019 ☑	《手印鉴定文书规范》GA/T 145-2019 ☑

5. 比对检验	吻合特征数量	12	差异特征数量	0	纹线流向	一致
	差异点的解释	未见明显差异				

6. 检验意见	两者种类特征相同，细节特征相符，以及细节特征间的相互关系方面均一致，已构成指定同一。

特征比对照片

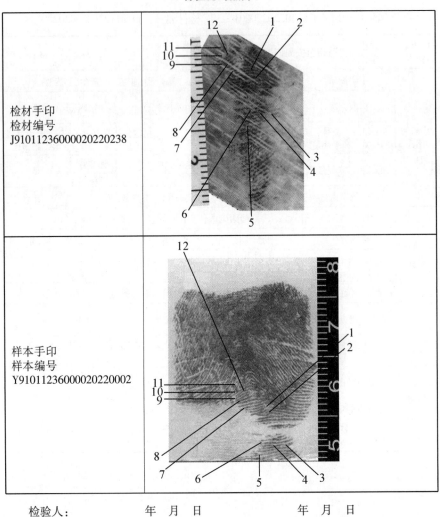

检验人：　　　　　年　月　日　　　　　　　年　月　日

手印检验鉴定记录表 3

受理编号：S910100360303**20220001**　　　　检材编号：J910112360000**20220239**

1. 基本情况	送检单位	××市公安局刑事侦查大队			受理日期		送检人	××，××	
2. 检材手印	手印性质		汗液（潜）☑ 血（潜）□ 油质□ 灰尘□ 其他：						
	提取方法	磁粉刷显		清晰程度			清晰☑ 不清晰□		
	手印种类	立体□ 平面☑	加层☑ 减层□	指印□ 掌印☑	手别	左☑ 右□	指（掌）位	左手掌外侧区	
	纹型		纹线颜色	黑色	重叠变形	无	细节特征数量	35	
	同一认定条件		具备☑ 不具备□						
3. 样本手印	样本名称		十指指印☑ 双手掌印☑ 十指指节印☑其他：						
	提取方法	捺印		指（掌）位		左手掌外侧区区			
	纹型		纹线颜色	黑色	重叠变形	无	细节特征数量	45	
	同一认定条件		具备☑ 不具备□						
4. 采用的手印鉴定方法	指印鉴定方法 IFSC 07-02-01-2006□			掌印鉴定方法 IFSC 07-03-01-2006 ☑					
	法庭科学 手印鉴定技术规程 GA/T 724-2019 ☑			《手印鉴定文书规范》GA/T 145-2019 ☑					
5. 比对检验	吻合特征数量	20	差异特征数量	0	纹线流向	一致			
	差异点的解释		未见明显差异						
6. 检验意见	两者种类特征相同，细节特征相符，以及细节特征间的相互关系方面均一致，已构成指定同一。								

特征比对照片

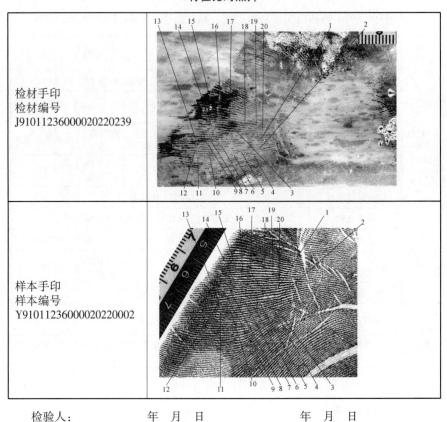

检材手印
检材编号
J91011236000020220239

样本手印
样本编号
Y91011236000020220002

检验人：　　　　　　年　月　日　　　　　　年　月　日

手印检验鉴定记录表4

受理编号：S91010036030320220001　　　　检材编号：J91011236000020220240

1. 基本情况	送检单位	××市公安局刑事侦查大队		受理日期			送检人	××，××
2. 检材手印	手印性质		汗液（潜）☑ 血（潜）□ 油质□ 灰尘□ 其他：					
	提取方法	磁粉刷显		清晰程度		清晰☑ 不清晰□		
	手印种类	立体□ 平面☑	加层☑ 减层□	指印☑ 掌印□	手别	左□ 右□	指（掌）位	
	纹型	斗	纹线颜色	黑色	重叠变形	无	细节特征数量	15
	同一认定条件			具备☑ 不具备□				
3. 样本手印	样本名称		十指指印☑ 双手掌印☑ 十指指节印☑其他：					
	提取方法	捺印		指（掌）位				
	纹型		纹线颜色	黑色	重叠变形	无	细节特征数量	均达到同一认定条件要求
	同一认定条件			具备☑ 不具备□				
4. 采用的手印鉴定方法	指印鉴定方法 IFSC 07-02-01-2006 ☑			掌印鉴定方法 IFSC 07-03-01-2006□				
	法庭科学 手印鉴定技术规程 GA/T 724-2019 ☑			《手印鉴定文书规范》GA/T 145-2019 ☑				
5. 比对检验	吻合特征数量		差异特征数量		6	纹线流向	不一致	
	差异点的解释							
6. 检验意见	两者在对应部位的细节特征种类、间隔线数，以及细节特征间的相互关系方面均不一致，已构成不同一。							

特征比对照片

检材手印 检材编号 J910112360000020220240	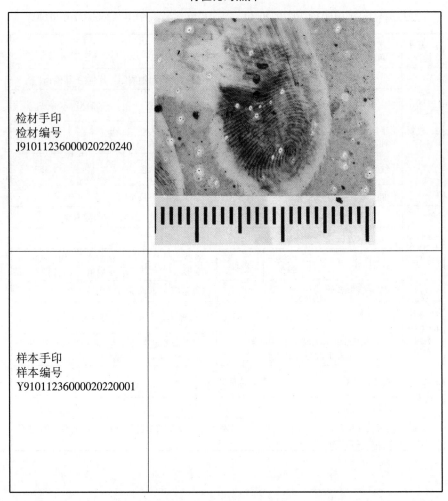
样本手印 样本编号 Y910112360000020220001	

检验人：　　　　　年　月　日　　　　　　　　年　月　日

手印检验鉴定记录表 5

受理编号：S91010036030320220001   检材编号：J91011236000020220240

<table>
<tr><td rowspan="2">1. 基本
情况</td><td>送检
单位</td><td colspan="3">××市公安局刑事侦查大队</td><td>受理
日期</td><td></td><td>送检人</td><td>××，××</td></tr>
<tr><td colspan="9"></td></tr>
<tr><td rowspan="8">2. 检材
手印</td><td colspan="2">手印性质</td><td colspan="7">汗液（潜）☑ 血（潜）□ 油质□ 灰尘□ 其他：</td></tr>
<tr><td colspan="2">提取方法</td><td colspan="3">磁粉刷显</td><td colspan="2">清晰程度</td><td colspan="2">清晰☑ 不清晰□</td></tr>
<tr><td rowspan="2">手印
种类</td><td>立体□
平面☑</td><td>加层☑
减层□</td><td>指印☑
掌印□</td><td rowspan="2">手别</td><td>左□
右□</td><td rowspan="2">指（掌）
位</td><td rowspan="2" colspan="2"></td></tr>
<tr><td colspan="3"></td><td></td></tr>
<tr><td>纹型</td><td>斗</td><td>纹线
颜色</td><td>黑色</td><td>重叠
变形</td><td>无</td><td>细节特
征数量</td><td colspan="2">15</td></tr>
<tr><td colspan="2">同一认定条件</td><td colspan="4">具备☑ 不具备□</td><td colspan="3"></td></tr>
<tr><td colspan="9"></td></tr>
<tr><td colspan="9"></td></tr>
<tr><td rowspan="4">3. 样本
手印</td><td colspan="2">样本名称</td><td colspan="7">十指指印☑ 双手掌印☑ 十指指节印☑其他：</td></tr>
<tr><td colspan="2">提取方法</td><td colspan="3">捺印</td><td colspan="2">指（掌）位</td><td></td></tr>
<tr><td colspan="2">纹型</td><td>纹线
颜色</td><td>黑色</td><td>重叠
变形</td><td>无</td><td>细节特
征数量</td><td colspan="2">均达到同一
认定条件要求</td></tr>
<tr><td colspan="2">同一认定条件</td><td colspan="4">具备☑ 不具备□</td><td colspan="3"></td></tr>
<tr><td>4. 采用
的手印
鉴定方
法</td><td colspan="4">指印鉴定方法 IFSC 07-02-01-2006 ☑</td><td colspan="5">掌印鉴定方法 IFSC 07-03-01-2006□</td></tr>
<tr><td></td><td colspan="4">法庭科学 手印鉴定技术规程
GA/T 724-2019 ☑</td><td colspan="5">《手印鉴定文书规范》GA/T 145-2019
☑</td></tr>
<tr><td rowspan="2">5. 比对
检验</td><td colspan="2">吻合特征数量</td><td></td><td colspan="2">差异特征数量</td><td>6</td><td>纹线
流向</td><td colspan="2">不一致</td></tr>
<tr><td colspan="2">差异点的解释</td><td colspan="7"></td></tr>
<tr><td>6. 检验
意见</td><td colspan="9">两者在对应部位的细节特征种类、间隔线数，以及细节特征间的相互关系方面均不
一致，已构成不同一。</td></tr>
</table>

特征比对照片

检材手印 检材编号 J9101123600002022240	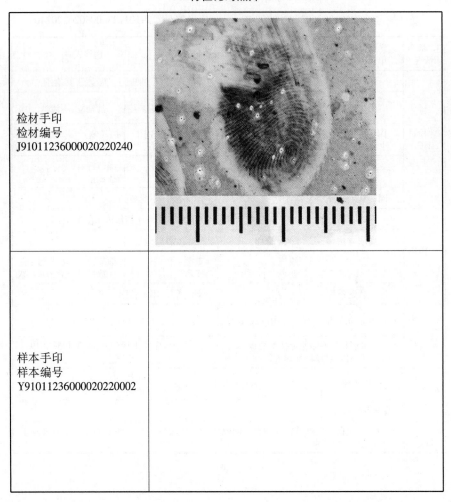
样本手印 样本编号 Y9101123600002022002	

检验人：　　　　　年　月　日　　　　　　　年　月　日

手印检验鉴定记录表6

受理编号：S91010036030320220001　　　　检材编号：J91011236000020220241

<table>
<tr><td rowspan="2">1. 基本
情况</td><td>送检
单位</td><td colspan="3">××市公安局刑事侦查大队</td><td>受理
日期</td><td></td><td>送检人</td><td>××，××</td></tr>
<tr><td colspan="9"></td></tr>
<tr><td rowspan="8">2. 检材
手印</td><td colspan="2">手印性质</td><td colspan="7">汗液（潜）☑　血（潜）□　油质□　灰尘□　其他：</td></tr>
<tr><td colspan="2">提取方法</td><td colspan="2">磁粉刷显</td><td colspan="2">清晰程度</td><td colspan="3">清晰□不清晰☑</td></tr>
<tr><td rowspan="2">手印
种类</td><td>立体□
平面☑</td><td colspan="2">加层☑
减层□</td><td>指印☑
掌印□</td><td rowspan="2">手别</td><td>左□
右□</td><td colspan="2">指（掌）
位</td></tr>
<tr><td></td><td colspan="2"></td><td></td><td></td><td colspan="2"></td></tr>
<tr><td>纹型</td><td>未见纹型</td><td colspan="2">纹线
颜色</td><td>黑色</td><td>重叠
变形</td><td>无</td><td>细节特
征数量</td><td>15</td></tr>
<tr><td colspan="2">同一认定条件</td><td colspan="7">具备□　不具备☑</td></tr>
<tr><td colspan="9"></td></tr>
<tr><td colspan="9"></td></tr>
<tr><td rowspan="4">3. 样本
手印</td><td colspan="2">样本名称</td><td colspan="7">十指指印□　双手掌印□　十指指节印□其他：</td></tr>
<tr><td colspan="2">提取方法</td><td colspan="2">捺印</td><td colspan="2">指（掌）位</td><td colspan="3"></td></tr>
<tr><td colspan="2">纹型</td><td colspan="2">纹线
颜色</td><td></td><td colspan="2">重叠
变形</td><td>细节特
征数量</td><td></td></tr>
<tr><td colspan="2">同一认定条件</td><td colspan="7">具备□　不具备□</td></tr>
<tr><td rowspan="2">4. 采用
的手印
鉴定
方法</td><td colspan="4">指印鉴定方法 IFSC 07-02-01-2006 ☑</td><td colspan="5">掌印鉴定方法 IFSC 07-03-01-2006□</td></tr>
<tr><td colspan="4">法庭科学 手印鉴定技术规程
GA/T 724-2019 ☑</td><td colspan="5">《手印鉴定文书规范》GA/T 145-2019
☑</td></tr>
<tr><td rowspan="2">5. 比对
检验</td><td colspan="2">吻合特征数量</td><td colspan="2"></td><td colspan="2">差异特征数量</td><td>纹线
流向</td><td colspan="2"></td></tr>
<tr><td colspan="2">差异点的解释</td><td colspan="7"></td></tr>
<tr><td>6. 检验
意见</td><td colspan="8">纹线不清晰、细节特征不可靠、不具备同一认定条件。</td></tr>
</table>

特征比对照片

检材手印 检材编号 J9101123600020220241	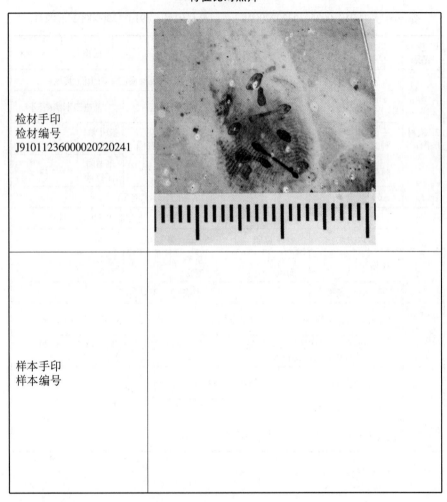
样本手印 样本编号	

检验人：　　　　　年　月　日　　　　　　　　年　月　日

附件 3-4　鉴定文书审批表

鉴定文书审批表

受理编号	S91010036030320220001	委托单位	××市公安局刑事侦查大队
鉴定文书编　号	高公鉴（痕检）字〔2022〕000×号		
第一鉴定人	送检 1 号检材手印与 1 号样本的右手拇指是同一人所留。 送检 2 号检材手印与 2 号样本的左手中指及其第二指节区是同一人所留。 送检 3 号检材手印与 2 号样本的左手手掌外侧区是同一人所留。 送检 4 号检材手印与送检 1 号样本、2 号样本手印不是同一人所留。 送检 5 号检材指印不具备同一认定条件。 　　　　　签名：　　　　　　时间：　　年　月　日		
第二鉴定人	签名：　　　　　　时间：　　年　月　日		
审核人意见	已审核，同意签发。　　年　月　日		
审批人意见	同意签发。　　　年　月　日		
发文形式及数量	鉴定书　〔√〕　　　　　　　　检验报告　〔　〕		
	分析意见书　〔　〕　　　　　　情况说明　〔　〕		
主送单位	金州市公安局刑事侦查大队		
抄送单位	高僧市公安局物证鉴定所		
打印人		校对人	
备注			

附件 3-5　鉴定文书

鉴　定　文　书

高公鉴（痕检）字〔2022〕0001 号

××市公安局物证鉴定所

本鉴定机构声明：

1. 本鉴定文书的鉴定意见仅对受理的检材和样本有效。

2. 如对本鉴定文书的鉴定意见有异议或者疑问，请与本鉴定机构联系。

3. 未经本鉴定机构的书面同意，任何单位或者个人不得部分复印本鉴定书（全部复印除外）。

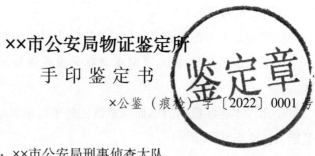

××市公安局物证鉴定所
手印鉴定书

×公鉴（痕检）学〔2022〕0001号

一、绪论

（一）委托单位：××市公安局刑事侦查大队

（二）送检人：××、××

（三）受理日期：2022年10月3日

（四）案情摘要：2022年9月8日，××市××镇××村×组×号杨××家被盗案

（五）检材和样本：

1号检材：现场借据落款时间处直接照相提取的手印痕迹一枚，照片形式送检。（J91011236000020220237）

2号检材：现场门把手上磁粉刷显提取的手印痕迹一枚，照片形式送检。（J91011236000020220238）

3号检材：现场窗台框上磁粉刷显提取的手印痕迹一枚，照片形式送检。（J91011236000020220239）

4号检材：现场镜子上磁粉刷显提取编号为A的手印痕迹一枚，照片形式送检。（J91011236000020220240）

5号检材：现场镜子上磁粉刷显提取编号为B的手印痕迹一枚，照片形式送检。（J91011236000020220241）

1号样本：嫌疑人唐××的十指指纹及掌纹捺印样本各一份。（Y91011236000020220001）

（其上填注内容中有：姓名唐××，性别男，出生日期1983年5月11日，地址××省××县××乡××村××组××号。）

2 号样本：嫌疑人周××的十指指纹及掌纹捺印样本各一份。（Y91011236000020220002）

（其上填注内容有：姓名周××，性别男，出生日期 1982 年 11 月 8 日，地址：××市××区××镇××村××组××号。）

（六）鉴定要求：分别检验鉴定检材手印与样本手印是否同一。

（七）检验开始日期：2022 年 10 月 3 日

（八）检验地点：××市公安局物证鉴定所手印实验室

二、检验

检验方法《法庭科学 手印鉴定技术规程》（GA/T 724-2019）、《手印鉴定文书规范》（GA/T 145-2019）《指纹鉴定法》（IFSC 07-02-01-2006）、《掌纹鉴定法》（IFSC 07-03-01-2006）

（一）个别检验：

送检 1 号检材在借据落款时间处直接照相提取，并以照片形式送检，照片中红色纹线为乳突线。该手印为一枚中心花纹呈斗型的指印，反映出部分中心位置的纹线，纹线连贯清晰，在放大镜下观察，确定稳定的细节特征点 12 个，具备同一认定条件。

送检 2 号检材在门把手上用磁粉刷显提取，并以照片形式送检，照片中黑色纹线为乳突线。该手印为残缺指印，反映出指头的部分根基线纹线及指节的部分倾斜型纹线，纹线连贯清晰，在放大镜下观察，确定稳定的细节特征点 15 个，具备同一认定条件。

送检 3 号检材在窗台框上用磁粉刷显提取，并以照片形式送检，照片中黑色纹线为乳突线。该手印为一块残缺手掌印，反映出手掌外侧区的纹线，纹线连贯清晰，在放大镜下观察，确定稳定的细节特征点 35 个，具备同一认定条件。

送检 4 号检材在镜子上刷粉提取编号为 A，并以照片形式送检，照片中黑色纹线为乳突线。该手印为一枚中心花纹呈斗型的指印，反映出中心左侧位置的纹线，纹线连贯清晰，在放大镜下观察，确定稳定的细节特征点 15 个，具备同一认定条件。

送检 5 号检材（见照片十一）在镜子上刷粉提取编号为 B，并以照片形式送检，照片中黑色纹线为乳突线，纹线流向不清晰、细节特征不可靠，不具备鉴定条件。

1 号手印样本和 2 号手印样本的纹线和细节特征均清晰、稳定可靠，具备同一认定条件。

（二）比对检验：

送检 1 号检材（见照片一）与 1 号样本的右手拇指指纹（见照片二）在纹线流向、对应部位的细节特征种类、间隔线数，以及细节特征间的相互关系等方面均一致，在对应部位分别标示细节特征 8 个（见照片三）。

送检 2 号检材（见照片四）与 2 号样本的左手中指及其第二指节区（见照片五）在纹线流向、对应部位的细节特征种类、间隔线数，以及细节特征间的相互关系等方面均一致，在对应部位分别标示细节特征 12 个（见照片六）。

送检 3 号检材（见照片七）与 2 号样本的左手手掌外侧区（见照片八）在纹线流向、对应部位的细节特征种类、间隔线数，以及细节特征间的相互关系等方面均一致，在对应部位分别标示细节特征 20 个（见照片九）。

送检 4 号检材（见照片十）与送检 1 号手印样本、2 号手印样本手印逐一比对进行检验，均未发现与送检 4 号检材细节特征相一致的捺印样本手印。

三、论证

（一）送检 1 号检材手印纹线清晰连续，特征稳定，与 1 号样本的右手拇指细节特征本质相符，其他手印不能重复，可以作为同一认定依据。

（二）送检 2 号检材手印纹线清晰连续，特征稳定，与 2 号样本的左手中指及其第二指节区的细节特征本质相符，其他手印不能重复，可以作为同一认定依据。

（三）送检 3 号检材手印纹线清晰连续，特征稳定，与 2 号样本的左手手掌外侧区细节特征本质相符，其他手印不能重复，可以作为同一认定依据。

（四）送检 4 号检材手印纹线清晰连续，特征稳定，送检 1 号检材手印与送检 1 号样本、2 号样本手印纹线细节特征的差异，是本质的差异，可以作为不同一认定依据。

四、鉴定意见：

（一）送检 1 号检材手印与 1 号样本的右手拇指是同一人所留。

（二）送检 2 号检材手印与 2 号样本的左手中指及其第二指节区是同一人所留。

（三）送检 3 号检材手印与 2 号样本的左手手掌外侧区是同一人所留。

（四）送检 4 号检材手印与送检 1 号样本、2 号样本手印均不是同一人所留。

（五）送检 5 号检材指印不具备同一认定条件。

鉴 定 人：高级工程师　××
　　　　　高级工程师　××
授权签字人：高级工程师　××

2022.10.3
2022.10.3
2022.10.3
2022 年 10 月 3 日

附件：照片

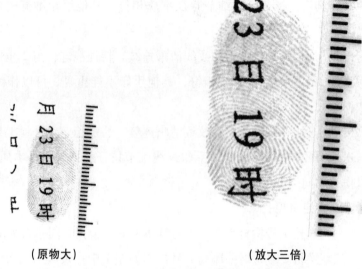

（原物大）　　　　　　　　　　（放大三倍）

照片一　1号检材照片（借据落款时间处直接照相提取）

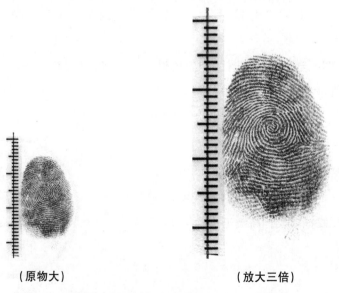

（原物大）　　　　　　　　　　（放大三倍）

照片二　1号样本手印的右手拇指指纹照片（三面捺印）

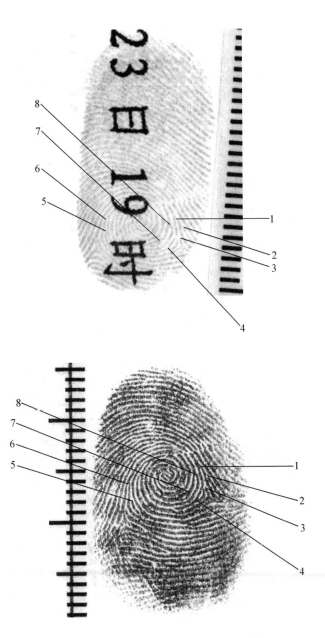

照片三 特征比对照片

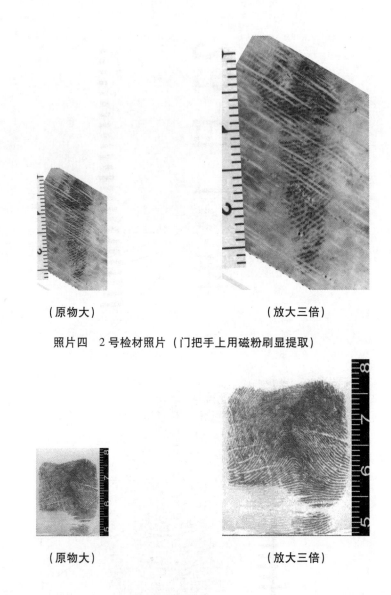

（原物大） （放大三倍）

照片四　2号检材照片（门把手上用磁粉刷显提取）

（原物大） （放大三倍）

照片五　2号样本手印的左手中指及其第二指节区指印照片（三面捺印）

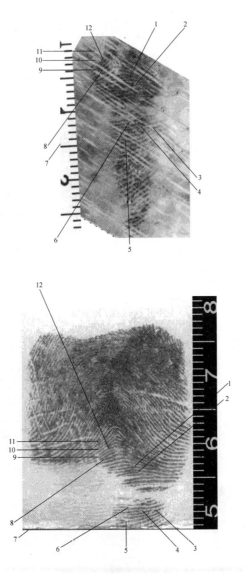

照片六　特征比对照片

（原物大）

（截取放大二倍）

照片七　3号检材照片（窗台框上磁粉刷显提取）

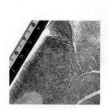

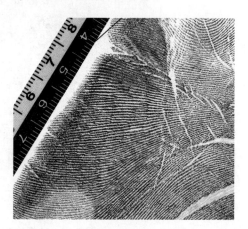

（原物大）　　　　　　　　　　　（放大二倍）

照片八　2号样本手印的左手掌外侧区照片

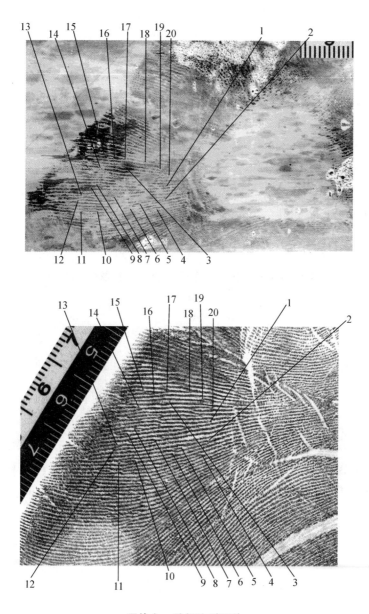

照片九　特征比对照片

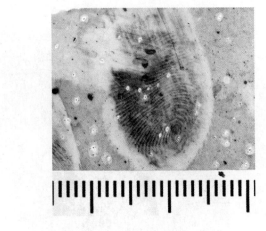

（原物大）　　　　　　　　　　（放大三倍）

照片十　4号检材照片（镜子上磁粉刷显提取编号为 A）

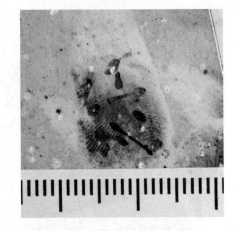

（原物大）　　　　　　　　　　（放大三倍）

照片十一　5号检材照片（镜子上磁粉刷显提取编号为 B）

第四章　法医物证（DNA）鉴定书

本章主要介绍法医物证（DNA）鉴定的概念、原理，明确司法鉴定/法庭科学法医物证鉴定的对象、任务、特点和分类。对法医物证的委托受理、检验鉴定及结果发布进行了介绍。重点阐述了法医物证鉴定文书的内容及格式，以及使用标准、结果、论证、鉴定意见的解析和审查要点。最后，从实验室规范化管理方面介绍了法医物证鉴定质量保证的各项要素。

第一节 法医物证鉴定概论

一、法医物证鉴定的概念

（一）法医物证学

从广义角度来说，法医物证学是以法医物证为研究对象，以提供科学证据为目的，应用多种学科的理论知识和技术，研究并解决涉及法律方面有关生物性检材的检验与鉴定的一门科学。涉及领域包括化学、物理学、电子计算机学、形态学、免疫血清学、生物化学、分子生物学、遗传学等。

（二）法医物证鉴定

法医物证鉴定是指利用 DNA 技术对各种生物性检材进行处理，包括对核 DNA 多态性检验和线粒体 DNA 测序检验、SNP 等，同时应用 DNA

遗传原理，分析 DNA 遗传标记在群体中的分布与传递规律，确定分析检材和样本的一致性与遗传关系，从而为侦查破案和司法审判提供线索和证据。简而言之，司法领域的法医物证鉴定可将其分为两部分：一是通过各种 DNA 技术获取生物性检材上的 DNA 信息，二是利用 DNA 遗传规律对获取的 DNA 信息进行分析和判断。

需要注意的是，在司法鉴定领域将法医物证鉴定归入法医类鉴定，而在 2020 年公安部最新发布的《公安机关鉴定机构登记管理办法》（公安部令第 155 号）中，将法医物证鉴定改名为 DNA 鉴定，并作为一个单列的鉴定项目，不再划归法医类鉴定。但是，从根本上来讲，无论是叫法医物证鉴定还是叫 DNA 鉴定，都指的是同一种鉴定。为了统一，笔者在本书中只使用法医物证鉴定这种说法。

（三）法医物证鉴定的对象

法医物证鉴定主要分析研究生物性检材上的 DNA 信息，而 DNA 存在于各种生物的细胞内，因此理论上含有细胞的各种生物材料都可以作为法医物证鉴定的对象。

1. 按种属来分类

从种属来说，法医物证鉴定的对象可分为以下四类：

（1）人体的各种体液及其斑痕（如血液/斑）、组织（如皮肤、骨骼、牙齿等）、分泌物（如精液/斑、唾液/斑、阴道分泌物等）、排泄物（如尿液/斑、粪便）及表皮脱落细胞。

（2）各种动物成分。

（3）植物的根、茎、叶、花、果与种子。

（4）细菌、真菌等微生物。

2. 按提取位置来分类

从 DNA 在细胞内的位置的不同，又可将法医物证鉴定的对象分为核内的核 DNA 鉴定（如常染色体 DNA、Y 染色体 DNA、X 染色体 DNA）

与核外的线粒体 DNA 鉴定（也叫 mtDNA）。

二、法医物证鉴定的任务

法医物证鉴定的任务是检验并判别生物性检材的种类、种属、遗传标记的型别及其与某一案件（事件）或特定个体之间的关系，解决个体识别（personal identification）和亲缘鉴定（parentage testing）等问题。

（一）个体识别（又称同一认定）

常见的个体识别如下：

（1）盗窃、抢劫、斗殴、伤害、碎尸案件中现场遗留物证（如血痕、烟头、人体组织、脱落细胞等）是何人所留。

（2）强奸或强奸杀人案中，现场床上、地上、被害人衣物上及阴道中遗留精液或精液与阴道分泌液的混合斑迹是否为嫌疑人所留。

（3）交通事故中，嫌疑肇事车辆上的血痕、毛发与组织碎片的来源。

（4）走失或被盗牲畜的识别。

（二）亲缘鉴定（也叫亲权鉴定）

常见的亲缘鉴定如下：

（1）对可疑父母与子女之间有无血缘关系的鉴定。如：怀疑医院产房调错婴儿；在家庭纠纷中怀疑子女不是亲生；婚姻外生育，需要确定孩子的生父；强奸致孕，需要证实婴儿或胎儿的生父；确定人工授精及试管婴儿的亲生父母；鉴定某人有无财产继承权；计划生育确认孩子是否为该对夫妇所超生；拐卖儿童案件中确认孩子的生父与生母；等等。

（2）灾害（DVI）、空难、爆炸案中尸体、未知名尸体的尸源鉴定。

（3）其他类型的亲缘鉴定，如祖父母与孙子女、兄弟、姐妹亲缘鉴定等，包括失散家庭成员的认亲、移民公证中需要确定要求移民者与本国某人间的亲缘关系。

（4）法医 SNP 系谱推断，国外也称法医遗传系谱学（forensic genetic

genealogy，FGG），是通过遗传谱系分析解决涉及司法实践中身份识别的问题。通过 DNA 将相关人员的家族成员关联起来，绘制法医家族系谱树，确定近、远亲关系，进而找到相关人员。

（5）动物亲缘鉴定，如犬、马的亲缘鉴定。

法医物证鉴定能够进行亲缘鉴定，这个特点在现今所有的司法鉴定项目中具备唯一性，相较其他鉴定项目如法医病理、法医临床、痕迹、指纹、文书鉴定，具备独特的优势。

（三）其他方面的鉴定

如植物罂粟性别鉴定等。

在本书中，笔者主要介绍涉及人类 DNA 的法医物证鉴定的内容。

三、法医物证鉴定的特点

法医物证鉴定具有以下特点：

（一）遗传标记多，信息量大

法医物证鉴定仅分析人类少部分的遗传标记就完全可以直接进行个体识别（同一认定）与亲缘鉴定，具有非常高的识别率和鉴定能力。

（二）标记的遗传类型全

标记的遗传类型全，既有按孟德尔分离和自由组合律遗传的常染色体遗传标记，也有父系遗传的 Y 染色体的遗传标记和母系遗传的线粒体 DNA 序列差异。利用 DNA 遗传标记可以进行几代甚至隔代、多代的亲缘关系的鉴定。

（三）可分析的物证种类多

凡是含有细胞的生物检材均能进行 DNA 分析，这类物质可在很多场景中提取到。案（事）件现场检材来源多、范围广，具有检材的多样性与应用的广泛性特点。

（四）检验结果可靠、稳定性高

DNA 遗传标记相对稳定，保存几十年的血痕、精斑仍可以进行 DNA 分析，甚至历时数千年的古骨也可以获得含有一定遗传信息的结果。

（五）检验方法灵敏，检材用量少

当前的主流技术都以 PCR 技术为基础，具有比较高的灵敏度。实际应用中，检材只需要有纳克级的 DNA 含量，即可获得 DNA 检验结果。

（六）同一个体的 DNA 具有比对的通用性

因为人身所有部位（组织、器官、体液、分泌物）的 DNA 均一致，所以可以用同一个体的任一部分组织、器官或体液得到该个体的 DNA 信息来进行比对，而不必一定要检测相同的人身部位。

（七）自动化程度高

除特殊检材外，大部分检材处理方法基本相同，可以批量处理。PCR 扩增及电泳测序基因分型均能实现自动化检测，且速度快。

（八）便于建立数据库

常用的 DNA 多态性检验结果使用数字表达，便于建立数据库，进行查档比对，检索破案，统一标准的数据格式还方便数据共享和交换。

（九）检验成本高

由于进行 DNA 检验所需要的试剂和耗材都比较昂贵，所以其检验成本在所有司法鉴定项目中是最高的。

（十）防污染要求高

生物性检材仅需很少的量就可进行 DNA 检验，易被污染，所以在检材的提取、包装、保存、送检、检验全过程中均应采取严格的防污染措施。

四、法医物证鉴定的分类

（一）按鉴定的用途来区分

从鉴定的用途来区分，法医物证鉴定可分为个体识别和亲缘鉴定。

1. 个体识别

个体识别是指用 DNA 检验方法确定某生物性检材是谁所留，包括对某个个体留下的痕迹（如血痕、精斑、其他各种体液斑）或部分肢体、脏器、组织等进行 DNA 检验，认定是否与某人的 DNA 相同。个体识别的理论基础如下：

（1）DNA 信息独一无二。每个人的 DNA 信息都是唯一的，除非同卵双生。

（2）组织器官一致性。一个人的各个器官、组织、体液、分泌物所能检测出来的 DNA 信息都是一样的。

（3）DNA 信息终身不变。除非出现病变等特殊情况，否则一个人的 DNA 信息不会发生改变。

2. 亲缘鉴定

狭义的亲缘鉴定是指利用法医 DNA 技术对有争议的父母与孩子之间是否存在亲生关系（或称生物学关系）进行鉴定的专门技术，又称亲权鉴定、亲子鉴定。广义的亲缘鉴定还包括对被检验者之间是否存在其他血缘关系（如祖孙、叔侄、兄弟、姐妹等）进行鉴定。

（1）DNA 亲缘鉴定的基础是人的 DNA 按照一定的规律遗传。

常见的遗传规律有以下四种：

①常染色体 DNA 按孟德尔遗传规律传递，即一个个体的 DNA 一半来自母亲，一半来自父亲，即每个人的 DNA 信息都是由上一代的父母遗传所给，同样，每个人也能将自己的 DNA 信息遗传给自己的后代。

②Y 染色体 DNA 按父系遗传方式传递，只在男性后代中遗传，即爷

爷传给父亲，父亲传给儿子，儿子传给孙子，不在女性后代中遗传。

③X染色体DNA的遗传规律如下：人类女性个体含有两条X染色体，男性个体只有一条X染色体。因此X染色体DNA在遗传过程中，因性别不同而存在着遗传方式的差异，母亲可将两条X染色体上的DNA随机地遗传给她的子女，而父亲X染色体上的DNA则只能遗传给女儿，儿子X染色体上的DNA只能来自母亲，而女儿X染色体上的DNA则来自父母双方。

④线粒体DNA按母系遗传方式传递，即奶奶传给母亲、母亲传给子女，但父亲的线粒体DNA并不传给子女。

（2）常见亲缘鉴定的类型。

常见亲缘鉴定的类型如下：

①三联体亲子鉴定，也称真三联体亲子鉴定。是指被检测男子（假设父）、孩子生母与孩子构成的亲子鉴定或者被检测女子（假设母）、孩子生父与孩子构成的亲子鉴定。

②父母皆疑三联体亲子鉴定。是指父母间的夫妻关系已确定，但父、母双方与子女关系均不确定，需要确定父母双方与孩子的亲生关系的鉴定。

③二联体亲子鉴定。是指被检测男子（假设父）与孩子构成的亲子鉴定或被检测女子（假设母）与孩子构成的亲子鉴定，也叫单亲鉴定。

④隔代、同胞、旁系亲属间的亲缘鉴定。如祖父母与孙子女的亲缘鉴定、叔侄间的亲缘鉴定、同胞兄弟姐妹间的亲缘鉴定等。

（二）按检测原理来区分

从检测原理来区分，可分为常染色体DNA鉴定、Y染色体DNA鉴定、X染色体DNA鉴定和线粒体DNA（mtDNA）鉴定、SNP鉴定等。

1. 常染色体DNA

常染色体DNA鉴定可以进行个体识别和亲缘鉴定。个体识别可以根据检材与样本的常染色体 DNA 多态性检验结果（基因型）是否一致进行判定。亲缘鉴定可以鉴定父（母）子亲缘关系，还可鉴定部分近亲缘关系，如同胞、叔侄及爷孙隔代的关系。

2. Y 染色体 DNA 鉴定

Y 染色体 DNA 鉴定可以进行个体识别和亲缘鉴定。个体识别可以根据检材与样本的 Y 染色体 DNA 多态性检验结果是否一致进行判定，但应注意的是，由于 Y 染色体 DNA 的个体识别能力较常染色体 DNA 弱，所以当检材与样本的 Y 染色体 DNA 多态性检验结果不一致时，可以给出否定的鉴定意见，但两者结果一致时，不能给出认定的鉴定意见，只能给出"不排除"的鉴定意见。Y 染色体 DNA 按父系遗传方式传递，同一父系几十代的男性 Y 染色体 DNA 多态性检验结果相同或相似，亲缘鉴定可以确定被检人是否来源于同一父系，可用于男性家系溯源，也可用于那些母亲不能参加鉴定的父子间的单亲鉴定或男性同胞之间或隔代或旁系的亲缘关系鉴定，如再结合常染色体 DNA 检验，可以增强样本间的亲缘关系的证据强度。同时由于 Y 染色体的 DNA 结果通常是以单倍型的方式表达，即在 Y 染色体的多态性检验结果的分型图谱中，一个男性在基因座上只检出 1 个基因峰（特殊情况除外），所以 Y 染色体的 DNA 检测还可以用于多个男性混合 DNA 检材中男性人数的推断。

3. X 染色体 DNA 鉴定

由于遗传的定向性，X 染色体 DNA 鉴定适合三联体的亲子鉴定或除父子关系外的其他单亲关系的亲缘鉴定，如父女、母女、姐妹、祖母与孙女的亲缘鉴定。

4. 线粒体 DNA 鉴定，也叫 mtDNA 鉴定

线粒体存在于细胞质中，是人类细胞核外唯一含有 DNA 的细胞器。线粒体 DNA 测序在个体识别中通常用于缺乏核 DNA 的毛发、指甲、骨骼等。在亲缘鉴定中，线粒体 DNA 按母系遗传方式传递，即母亲所携带线

粒体 DNA 可传给她的子女，再通过女儿传给下一代，因此可以通过对母亲和孩子线粒体 DNA 序列的测定来确定被检人是否来自同一母系，适用于同胞之间或隔代或旁系的亲缘鉴定，也可用于母系家系的溯源。

5. SNP

SNP 指人类个体基因组中特定部位的单个碱基序列的变异。与常染色体 DNA 相比，SNP 突变率较低，因而更容易在人群中稳定遗传。正因为 SNP 的低突变率，经常被作为人群特异性标记来推断种族起源。在亲缘关系鉴定中，可以推断母系和父系关系中较远的亲缘关系。

五、法医物证的鉴定项目

（一）司法鉴定机构的法医物证鉴定项目

在 2020 年 5 月 14 日出台的《司法部关于印发〈法医类司法鉴定执业分类规定〉的通知》（司规〔2020〕3 号）中，将法医物证鉴定的项目分为个体识别、三联体亲子关系鉴定、二联体亲子关系鉴定、其他亲缘关系鉴定、生物检材种属和组织来源鉴定、生物检材来源生物地理溯源、生物检材来源个体表型推断、生物检材来源个体年龄推断、与非人源生物检材相关的其他法医物证鉴定 9 个鉴定项目。但在实际工作中，司法鉴定机构的法医物证鉴定项目以三联体、二联体亲子关系鉴定为主，部分机构开展了个体识别、其他亲缘关系鉴定，少量机构可以做生物检材种属和组织来源的鉴定。

（二）公安机关鉴定机构的法医物证鉴定项目

《公安机关鉴定机构登记管理办法》（公安部令第 155 号）未对法医物证鉴定（DNA 鉴定）的具体项目进行分类和描述。公安机关鉴定机构的 DNA 鉴定项目一般采用的是《公安部 市场监管总局关于规范和推进公安机关鉴定机构资质认定工作的通知》（公刑侦〔2021〕4329 号）中的《公安机关鉴定机构检测实验室资质认定领域分类》，即分为人血（斑）

确证检验、人精液（斑）确证检验、常染色体 STR 及性别检测、Y 染色体 STR 检测、X 染色体 STR 检测、线粒体 DNA 检测、非人源生物检材的 DNA 检测等 7 个鉴定项目。与司法鉴定机构不同的是，在实际工作中，为满足侦查和诉讼的需要，公安机关鉴定机构的 DNA 鉴定项目以常染色体 STR 检测的个体识别为主，其他鉴定项目为辅。

六、法医物证鉴定相关术语

（一）物证

物证指对案件的真实情况有证明作用的物品或痕迹，不仅包含法医物证，还包括痕迹、图像、文件、声纹等。

（二）物证检验

物证检验指为了侦破或审理案件，对与案件有关的物证进行检验鉴定的过程。

（三）检材

检材专指委托方提供的从现场或者其他场所提取的需要检验鉴定的物品、信息或记录。

（四）样本

样本专指与检材进行比对、分析的人员、物品、信息或记录。

（五）法医物证

法医物证主要指与人体有关的生物性检材，包括人体组织与器官、体液、分泌物、排泄物及它们形成的斑痕，如血液（斑）、精液（斑）、唾液（斑）、骨骼、牙齿、毛发、肌肉、皮肤、黏膜、脱落细胞等。

1. 法医物证中的生物性检材

法医物证中的生物性检材通常包括两类：一是以独立的形式存在的人体的某一组织、分泌物及排泄物，如血液（斑）、精液（斑）、唾液（斑）、阴道分泌物（斑）、毛发、骨骼、肌肉组织、脱落细胞等；二是附着各种人体组织、分泌物及排泄物的载体，如现场口杯、烟蒂、擦拭用的纸张、用过的牙刷、穿过的衣物等物证。

2. 法医物证中的样本

法医物证中的样本是指已知来源的，在 DNA 检验中用于比对参照的人员样本，有时又称比对样本。如：

（1）被害人、嫌疑人；

（2）被害人、嫌疑人的父母或配偶、子女；

（3）被害人的男友；

（4）同一家系的男性或女性；

（5）被害人、嫌疑人的亲属（近亲、远亲）。

人员样本通常采集其血液或口腔拭子。

但是在鉴定实践中，有些时候检材和样本并没有严格按照其定义进行区分，比如很多比对人员样本也作为"检材"进行送检及鉴定，在委托、受理、检验记录和鉴定文书中均描述为"检材"。

（六）多态性

多态性是指在随机交配无血缘关系的群体中，个体的一种遗传性状存在两种以上具有相对差异类型的现象。在法医物证鉴定中个体间基因的核苷酸序列存在着差异性称为基因（DNA）的多态性，按照 DNA 遗传标记的结构特征，DNA 多态性可分为长度多态性和序列多态性。

DNA 长度多态性是指由同一基因座上各等位基因之间 DNA 片段长度差异构成的多态性，现在司法鉴定中使用的常染色体、Y 染色体、X 染色体的 DNA 检测就是 DNA 片段长度的检测，所检出的结果称为多态性检验结果，也称为基因型、STR 分型或 DNA 分型。

DNA 序列多态性是在特定基因座上的等位基因之间碱基序列差异构成的多态性，比如线粒体 DNA 测序或 SNP 检测。

（七）基因座

基因座指基因在染色体上所占的位置，是有遗传效应的 DNA 序列。国际法医血液遗传学会为各国实验室间的重现性和数据的可比性，统一了基因座的命名。基因座主要有两种命名方式。第一种是指基因外的 DNA 遗传标记，主要是按照基因组数据库中的录入顺序来命名。比如"D2S1338"这个基因座名，其中字母 D 代表 DNA，数字 2 代表该遗传标记位于 2 号染色体上，S 指的是单拷贝，1338 指的是该遗传标记是该染色体第 1338 个录入数据库的。第二种命名方式是基因内部的遗传标记，把该遗传标记的编码蛋白的英文缩写的首字母作为该基因座的名称，后面的数字是其所在的内含子的序号。比如"TH01"这个基因座名，"TH"代表"Tyrosine Hydroxylase（人类酪氨酸羟化酶基因）"，"01"代表第 01 个内含子。

（八）个体识别能力

个体识别能力是指从同一群体中随机抽取两名个体的遗传标记表型不同的概率。对遗传标记而言，从同一群体中随机抽取两名个体表型不同的概率越高，其识别没有关系个体的能力就越强。由于个体识别不止使用一个遗传标记，通常是联合使用一系列相互独立的遗传标记来提高识别群体中不同个体的能力，这称为累积个体识别能力。就法医物证鉴定而言，所检测的遗传标记（基因座）数目越多，累积个体识别能力就越强。

（九）似然率

个体识别（同一认定）检验结果一般以似然率来判定。似然率是指单个基因座上 2 个比对个体的基因型相同的概率与随机个体和比对个体的基因型相同的概率的比值，由此可以认为似然率是两个基因型组合来自同一个体的假设衡量证据的强度。

（十） 累积似然率

累积似然率指多个基因座上 2 个比对个体的基因型相同的概率与随机个体和比对个体的基因型相同的概率的比值，是多个基因座似然率累计相乘的结果。累积似然率越大，留下现场物证的人和嫌疑人是同一个人的可能性就越大。如果累积似然率超过人类个体总数，即从概率上估计在全世界人群中不可能找到具有同样基因型组合的另一个人，一般认为达到同一认定水平。

（十一） 非父排除率

非父排除率指不是小孩生父的男子能被遗传标记排除的概率。不是小孩生父的男子被控为父亲时，理论上可以根据遗传标记否定其为生父。但当遗传标记的鉴别能力较差时，没有血缘关系的男子与小孩的遗传标记偶然也会符合遗传规律，从而不能否定孩子是他的子女。因此有必要知道不是小孩生父而被控为生父的男子用遗传标记否定父权有多大可能性，这就是非父排除率。若非父排除率为 0.03，即 3%，则说明 100 个错误被控父亲中，只有 3 个可以被否定。就法医物证鉴定而言，所检测的遗传标记（基因座）数目越多，累积非父排除率就越大，作为亲缘鉴定的鉴别能力就越强。

（十二） 亲权指数

亲权指数是指在某个基因座上假设父提供生父基因的可能性与随机男子提供生父基因的可能性的比值，表示假设父为孩子生父比随机男子为孩子生父的可能性大多少倍，亲权指数越大，表示亲权关系认定的可能性就越大。

（十三） 累积亲权指数

累积亲权指数是指假设父在多个基因座上提供生父基因的可能性与随机男子提供生父基因的可能性的比值，是多个基因座亲权指数累计相乘的结果。累积亲权指数越大，表示亲权关系认定的可能性就越大。

七、法医物证鉴定的原理

在法医物证鉴定实践中，主要是以检测分析检材和样本的多态性结果（基因型）为鉴定内容，它包括检材和样本的检测和结果的科学解释两个环节。

（一）多态性结果（基因型）的原理

法医物证鉴定中的常染色体、Y 染色体、X 染色体的 DNA 检测，是司法鉴定实践中最常用、最主要的检测方法，其原理是检测检材和样本的染色体上基因座的 DNA 序列片段长度。下面以某个基因座目标区域的 DNA 序列为例：

TCCCAAGCTCTTCCTCTTCCCTAGATCAATACAGACAGAAGACAGGTG

GATAGATAGATAGATAGATAGATAGATAGATAGATAGATAGATATCA

TTGAAAGACAAAACAGAGATGGATGATAGATACATGCTTACAGATGCACAC

在上面的 DNA 序列中 GATA 重复了 12 次，所以它的 STR 分型（短串联重复数）或者称基因型就是 12。我们在鉴定文书中看见某个检材在某个基因座上的基因型结果是"12，14"，那就说明这个检材在这个基因座上的等位基因重复了 12 次和 14 次。

不同的人在目标区域的片段重复次数是不相同的，而且在基因传递过程中是遵循一定的遗传规律的。这个特性就是常染色体、Y 染色体、X 染色体 DNA 检测应用与个体识别和亲缘鉴定的基础。

（二）法医物证鉴定过程介绍

1. 前期检验

法医物证鉴定的前期检验包括预检验和确证检验。常用的预检验主要采用联苯胺试验、鲁米诺检验确认检材上可疑斑迹是否为血痕，但不能确定其是人血还是动物血，所以在实际工作中使用很少。常用的确证检验主要采用金标试纸检验法确认检材上可疑斑迹是否为人血或人精；或采用精子检出法，通过对检材染色在显微镜下查看精子来确认其是否含有人精子。在现今的实际工作中，很少开展预检验，确证检验采用的金标试纸检验法因其简单、快捷且无毒害而被普遍使用。

2. DNA 提取

对检材和样本进行 DNA 检验，首先要从中提取 DNA。人类 DNA 主要以染色质形式存在于细胞核内，其次有少量存在于线粒体中。在人体组织细胞中，凡是有核细胞均含有 DNA。不同组织器官中因其有核细胞含量不同，提取 DNA 的获得量也不同。检材和样本的 DNA 分离是 DNA 检验的第一步，是保证后期实验成功与否的关键环节，从检材和样本中提取 DNA 主要是去除蛋白质、脂类、多糖、RNA、载体及其附着的杂质、抑制成分，以得到较纯的 DNA，这个过程叫作 DNA 提取。常用的提取方法有有机溶剂法、Chelex 法、硅珠法、磁珠法、硅胶膜吸附法、FTA 卡法等。

3. DNA 扩增

聚合酶链式反应（polymerase chain reaction，PCR），又称 PCR 扩增，是一项在短时间内大量扩增特定的 DNA 片段的分子生物学技术。它可将极微量的 DNA 特异地扩增上百万倍，PCR 扩增过程中有一个参数叫扩增循环数，如扩增循环数为 27，那理论上经过扩增之后，目标 DNA 片段增加为扩增前的 2 的 27 次方倍。

复合 PCR 扩增是在一个反应体系中加入多对不同的 PCR 引物同时扩增，获得最大效率的 PCR 产物。标准的 PCR 使用一对引物扩增一个特定序列，即单一引物对 PCR。复合 PCR 体系可以同时对同一基因的多个 DNA 片段，或序列相近的多个 DNA 序列进行扩增，简单来说，复合 PCR 扩增就是可以同时扩增多个基因座。

法医 DNA 短串联重复序列（short tandem repeats，STR）基因座长度一般在 100~300 bp 之间，具有基因片段短、扩增效率高、判型准确等特点，STR 基因座的复合扩增技术是现今法医物证鉴定中最常用的扩增方法。它将多对引物混合于同一个反应体系中，通过调整引物和优化反应条件达到同时扩增多个目标 DNA 片段（基因座）的目的。

简单来说，PCR 复合扩增就是把检材中极少量的 DNA 通过不断复制粘贴，将其含量增加到测序仪能够识别的范围。

4. 电泳检测

法医物证鉴定一般采用测序仪（或称遗传分析仪）进行电泳检测。在前文所说的基因座复合扩增的同时，在不同的基因座也加入了不同荧光标记的引物进行扩增。扩增产物在测序仪上利用毛细管电泳技术分离DNA 片段，由于该片段带有荧光标记，所以就能在检测窗口被检测到，其激发出的荧光被 CCD 相机收集，再通过测序仪的收集软件将收集到的光学信号转化为电信号，最终形成了原始数据。

5. 图谱分型

一般通过专业分析软件（GeneMapper ID 系列软件）对测序仪生成的原始数据进行分型，生成图谱。该软件可以对简单的原始数据自动分型，但遇到复杂、疑难的数据时，就需要鉴定人主观判定有效的基因峰。图 4-1就是通过 GeneMapper ID-X 软件分型的图谱。

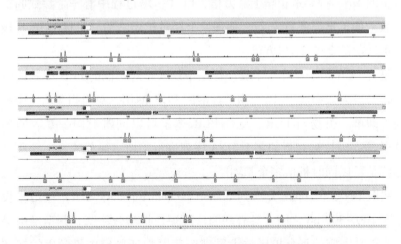

图 4-1　GeneMapper ID-X 软件分型图谱

由于检材多种多样，可能存在杂质多、降解快、有污染的情况，又或者因为设备或环境原因如测序仪毛细管寿命到期、胶变质、环境温度过高等，最终生成的图谱可能有宽峰、钉子峰、分裂峰、渗透峰等异常峰，这会对鉴定人的判定造成困难，导致有些数据无法进行判定。

6. 结果判定

检材和样本的基因型结果出来后，鉴定人需要对其进行比对。

如是个体识别，那就要看检材和人员样本的分型结果是否一致，不一致的判定排除，一致的要按照相关计算公式计算同一认定的似然率。如检材在某个基因座的基因型为"14，16"，而人员样本在该基因座的基因型为"14，16"，则认为一致；如检材在某个基因座的基因型为"14，16"，而人员样本在该基因座的基因型为"15，16"或"14"，则认为不一致。

如果是亲缘鉴定，鉴定人需要核对各人员样本之间的分型结果是否符合遗传规律，并按相应的公式进行亲权指数计算，再根据计算结果给出鉴定意见。以三联体亲子鉴定为例，如果孩子在某个基因座的基因型为"14，16"，已知母亲在该基因座的基因型为"15，16"，假设父亲在该基因座的基因型为"13，14"，因为已知母亲已经提供了孩子"16"的基因型，假设父亲又可以提供给孩子必需的"14"基因型，则认为该假设父与孩子在该基因座上符合遗传规律。如假设父在该基因座的基因型为"16，17"，那假设父不能提供给孩子必需的"14"基因型，则认为该假设父与孩子在该基因座不符合遗传规律。总而言之，孩子的基因型一半来自已知母亲，那另一半肯定来自父亲；如假设父能提供，则认为符合遗传规律；如假设父不能提供，则认为不符合遗传规律。

第二节　法医物证鉴定程序

法医物证的鉴定程序要求与总则的要求是一致的，本节笔者仅就法医物证鉴定过程中的一些特殊要求进行介绍。

一、鉴定的委托受理

法医物证鉴定在委托受理时，应注意以下问题：

（一）检材和样本的清点

对照鉴定协议（委托书或鉴定事项确认书）对检材和样本进行检查、清点，避免混淆，并进行唯一性编号，该编号应从受理、提取、扩增、电泳到图谱分析全过程保持一致性和唯一性，并可溯源。

（二）检材和样本的保存和送检条件

应注意送检的检材和样本的保存、送检条件是否满足鉴定要求：

（1）液体类检材应冷藏送检。

（2）人员样本、斑迹类检材、毛发等检材常温送检，不应未阴干就置于塑料袋等不透气包装袋/盒内。

（3）硬组织（骨组织、牙齿等）可冷藏送检或干燥后常温送检。

（4）软组织等容易腐败的检材应冷藏或75%无水乙醇保存送检。

（5）检材和样本送至鉴定机构时应封装完好，并在送检人、鉴定机构受理人同时在场的情况下进行检材的检查、移交，有必要的，送检材料可以进行适当的二次包装。

（6）检材和样本不真实、不完整、不充分或者取得方式不合法的不得受理。

（7）检材和样本发霉、变质的不得受理，多个同类检材装入同一包装袋内造成相互污染的不得受理（如烟灰缸内有多枚烟蒂或者轮奸案中有多个卫生纸团放在一个包装袋中的）。

（三）检材和样本的描述

应注意鉴定协议中对检材和样本的描述是否客观、准确、充分。

（1）应客观描述检材和样本的情况，不得加入主观感受，如描述检材大小，不宜描述为"较大布片"，而规范的描述应为"2cm×3cm 矩形布片"。

（2）尽量描述充分，特别是检材和样本的特征，如品牌、颜色、规格等应进行描述，以证明其特征性、唯一性。

（3）描述应尽量准确，不造成误解，如描述颜色，应区分青色和紫色、褐色和深红色等。

（4）建议对检材和样本进行照相或录像固定（照片、视频等一般使用彩色）。如用照片或视频进行固定，检材描述可以适当简化。

（四）检材和样本的取样

在受理时对检材和样本进行取样，应制作和保留取样记录。比如委托人送检了一把匕首，要求对刀刃上的血迹和刀柄上的脱落细胞分别进行 DNA 检验，那鉴定机构就应该分别取样并编号，同时制作取样记录。

（五）明确委托要求

委托受理时，一般的委托要求或鉴定事项统称为"DNA 检验"。但在一些特殊情况下，应明确委托要求。如涉及精斑/精子的 DNA 检验，就应明确两个要求：一是如果确证检验没检见精斑/精子，下一步是否需要做检材上其他可疑斑迹的 DNA 检验；二是涉及检材上可能有受害人的女性成分，则女性成分是否需要做 DNA 检验。这些都是在委托受理时双方应明确约定的。又如在委托亲缘鉴定中，应明确委托要求是要确定什么样的亲缘关系，如三联体亲缘关系鉴定、父子亲缘关系鉴定、祖孙亲缘关系鉴定、全同胞亲缘关系鉴定等。

（六）亲子鉴定受理的特殊要求

为严格规范司法鉴定机构开展亲子鉴定业务，司法鉴定机构在受理亲子鉴定时还有以下规定：

司法鉴定机构应当统一受理亲子鉴定委托，司法鉴定人不得私自受理。司法鉴定机构不得委托其他司法鉴定机构或单位、个人代为受理亲子鉴定委托，不得利用中介组织或个人招揽业务。司法鉴定机构可以根据有关法律法规的规定跨地区接受委托开展亲子鉴定业务，但不得利用医院、中介组织或个人等招揽业务，不得设立采样点。

司法鉴定机构应当规范受理范围，可以依法接受人民法院、人民检察院、公安机关、民政、卫生计生等有关部门的亲子鉴定委托。亲子鉴定的委托人为当事人的，司法鉴定机构应当对委托鉴定事项、鉴定材料等进行严格审查，发现鉴定用途不合法或者违背社会公德的，不得受理。司法鉴定机构不得受理当事人委托对孕妇开展产前亲子鉴定或者进行胎儿性别鉴定。

司法鉴定机构在委托受理时应当认真核对当事人信息，拍照或全程录像，复印当事人有效身份证件。有条件的可以利用人脸识别、指纹识别等方式进行身份核实。身份信息无法核实，或经核实身份信息存疑的，不得开展鉴定工作。司法鉴定机构应当要求当事人对身份信息真实性进行书面承诺。

司法鉴定机构应当要求当事人本人到司法鉴定机构提取检材。涉及未成年人的，其监护人必须到场并确认鉴定事宜。当事人确有困难无法到司法鉴定机构的，司法鉴定机构可以指派至少两名工作人员到现场提取检材，其中至少一名应为该鉴定事项的鉴定人，并全程录像。严禁司法鉴定人助理或其他工作人员或个人单独提取检材，严禁司法鉴定机构通过邮寄、快递、当事人自行送检等方式获取检材，严禁委托其他鉴定机构或其他单位、个人代为提取鉴定材料。

公安机关鉴定机构由于不面向社会开展检验鉴定，所以一般不会直接对需要进行亲缘鉴定的当事人进行取样。涉及亲缘鉴定的案（事）件一般由委托单位送检样本，并由委托单位对样本的真实性、合法性、有效性负责。

二、鉴定的实施

法医物证鉴定的实施包括前期检验（包括预检验和确证检验）、提取DNA、PCR扩增（包括DNA定量）、电泳检测、分析原始数据图谱分型、结果处理、制作鉴定文书、审核签发文书等步骤。

三、鉴定结果的发送

除非有特殊法律规定，鉴定结果只能报告委托人，特别是涉及亲缘鉴定的，要严格保护好当事人的个人隐私。鉴定机构一般采用发送鉴定文书的方式告知鉴定结果。但如遇特殊情况，鉴定机构在以电话、传真、电子等方式传送鉴定结果时，应确认接收方的真实身份及采取相应的保密措施，并做好记录。

第三节　法医物证的鉴定文书

一、鉴定文书的种类

公安机关鉴定机构的法医物证鉴定文书的种类有两种：一种是包含检验结果［包括人血（斑）、人精液（斑）确证检验的结果、DNA分型的结果等〕，有检材和样本的比对、论证，给出了鉴定意见的，这种称为鉴定书；一种是只有检验结果，而没有检材和样本的比对、论证，未给出鉴定意见的，这种称为检验报告。简单来说，鉴定文书给出了鉴定意见的，称鉴定书；未给出鉴定意见，只给出检验结果的，称检验报告。与公安机关的情况不同，司法鉴定机构的鉴定文书种类只有一种，无论该鉴定文书是否给出鉴定意见，均称为司法鉴定意见书。

二、鉴定文书的格式和内容

法医物证鉴定文书的格式和内容应遵循《司法部关于印发司法鉴定文书格式的通知》（司发通〔2016〕112 号）及《公安机关鉴定规则》中对鉴定文书的要求。鉴定文书正文的基本情况、绪论等内容，法医物证鉴定与前文提及鉴定文书的总体要求是一致的，这里不再赘述。笔者仅就法医物证鉴定文书中需要注意的地方进行介绍。

（一）鉴定文书的标题

法医物证鉴定文书的标题没有统一的规定，一般为鉴定机构名称+鉴定文书名称+发文编号。其中鉴定文书名称一般有"DNA 鉴定意见书""法庭科学 DNA 鉴定书""法庭科学 DNA 检验鉴定报告""法庭科学 DNA 检验报告"等，也有在名称中用"法医物证"字样替代"法庭科学 DNA"字样的。

（二）鉴定文书中"检验过程"的描述

检验过程应简单描述对检材所采用的检验方法〔如《法庭科学 DNA 实验室检验规范》（GA/T 382-2014）〕以及所使用的主要仪器等，包括前期检验（预检验、确证检验）、DNA 提取、DNA 质和量的检测、DNA 检验等内容。采用《法庭科学 DNA 实验室检验规范》（GA/T 382-2014）以外的检验方法时，应特殊注明（如使用公安部物证鉴定中心授权的骨骼牙齿提取方法）。不需或无法进行的检验步骤（如不做前期检验或 DNA

质和量的检测的），可省略该部分。

（三）鉴定文书中"检验结果"的描述

1. 前期检验结果的描述

应逐项列出对检材所进行的各项预检验、确证检验的阳性或阴性结果。如：

（1）X 号检材的联苯胺/鲁米诺检验结果为阳/阴性。（人血预检验）

（2）X 号检材的人血红蛋白检测金标试剂条法检验结果为阳/阴性。（人血确证检验）

（3）X 号检材的人精液 PSA 检测金标试剂条法检验结果为阳/阴性。X 号检材的精子检出法检验结果为镜下（未）检见精子。（人精斑/精子确证实验）

2. DNA 质和量的检测结果的描述

逐项列出对检材所进行的各项 DNA 质和量的检测结果。具体如表 4-1 所示：

表 4-1　DNA 质和量的检测结果　　　　单位：ng/μL

	X 号检材	Y 号检材	Z 号检材
DNA 浓度	0.811	1.232	0.514

3. 常染色体 STR 多态性检验结果的描述

（1）多态性检验结果的表达方式。

根据相关标准，多态性检验结果一般以表格的形式列出，标明检材和样本编号、基因座名称及分型。每个检材和样本在各个基因座上的多态性检验结果以数字表示，数字间以"，"或"/"分隔（如 14，16 或 14/16）；纯合子只标出 1 个数字（如 14）；未得到分型或无法明确判定分型的基因座分型标为"-"；Amelogenin 基因座（简写为 Amel），其结果标为"X"或"X/Y"或"XY"或"X，Y"，在表格中一并列出。完全未得到分型的检材在表格后以文字形式说明，可表述为"X 号检材未获得常染色体 STR 多态性检验结果"。

（2）常见的几种多态性检验结果的情况。

①获得常染色体 STR 多态性检验结果。这种是指该检材的图谱中检出了比较好的基因峰，峰型完整、干净，符合一个个体 DNA 的情况，鉴定人能进行准确判读，这种情况应列出该检材的基因型。其图谱如图 4-2 所示。

图 4-2　获得常染色体 STR 多态性检验结果的图谱

检验结果表达如表 4-2 所示。

表 4-2　获得常染色体 STR 多态性检验结果

基因座	D3S1358	vWA	D16S539	CSF1PO	D6S1043
X 号检材	15, 16	14, 16	9, 10	11, 12	12, 14

②获得混合常染色体 STR 多态性检验结果。这种是指该检材的图谱中检出了比较好的基因峰，峰型完整、干净，但多个基因座出现 3 或 4 个基因峰，且各基因座的基因峰高、面积比完全符合两个人的混合分型，鉴定人能够进行判读并认定该检材确系 2 个个体的 DNA 混合。这种情况应列出该检材的混合基因型。其图谱如图 4-3 所示。

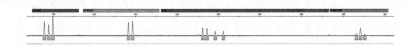

图 4-3　获得混合常染色体 STR 多态性检验结果的图谱

检验结果表达如表 4-3 所示。

表 4-3　获得混合常染色体 STR 多态性检验结果

基因座	D2S441	D19S433	FGA	D10S1248
X 号检材	10, 11, 12	13, 14	22, 23, 25, 27	13, 14, 15

③未获得有效常染色体 STR 多态性检验结果。这种是指该检材的图谱中虽然检出了基因峰，但存在峰型不好、不清楚、有基因座出现 3 个及以上基因峰或不出峰、出现杂峰等情况，鉴定人认为不能准确判读其基因型，这种情况不列出该检材的基因型，仅对该检材的检验结果进行文字描述，如"X 号检材未获得有效常染色体 STR 多态性检验结果"。其图谱如图 4-4 所示。

图 4-4　未获得有效常染色体 STR 多态性检验结果的图谱

④获得混合常染色体 STR 多态性检验结果，无法判型。这种是指该检材的图谱中多个基因座出现 3 个及以上基因峰，或峰型不好、不清楚，鉴定人能判断该检材是混合 DNA 分型但不能准确判读其基因型，这种情况不列出该检材的基因型，仅对该检材的检验结果进行文字描述，如"X 号检材获得混合常染色体 STR 多态性检验结果，无法判型"。其图谱如图 4-5 所示。

图 4-5　获得混合常染色体 STR 多态性检验结果，无法判型的图谱

⑤未获得常染色体 STR 多态性检验结果。这种是指该检材图谱中所有检测的基因座均未检出基因峰，完全未得到分型。这种情况不列出该检材的基因型，仅对该检材的检验结果进行文字描述，如"X 号检材未

获得常染色体 STR 多态性检验结果"。其图谱如图 4-6 所示。

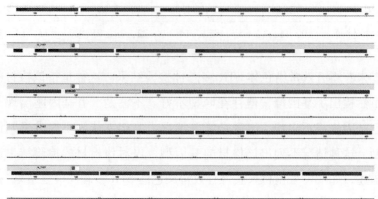

图 4-6 未获得常染色体 STR 多态性检验结果的图谱

4. Y 染色体 STR 多态性检验结果的描述

根据相关标准，逐项列出所检验检材的各个 Y 染色体基因座的多态性检验结果。检验结果以表格的形式列出，标明检材编号、基因座名称及分型。每个检材在各个基因座上的多态性检验结果以数字表示，数字间以 "／" 或 "，" 分隔；未得到分型或无法明确判定分型的基因座分型标为 "－"；完全未得到分型的检材在表格后以文字形式说明，形式可为 "X 号检材未获得 Y 染色体 STR 多态性检验结果"。示例如图 4-7 所示。

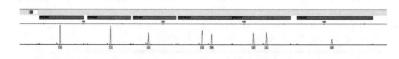

图 4-7 Y 染色体 STR 多态性检验图谱

检验结果表达如表 4-4 所示。

表 4-4　Y 染色体 STR 多态性检验结果

基因座	DYS393	DYS439	DYS481	DYF387S1	DYS527	DYS447
X 号检材	12	12	22	36，39	20，24	24

Y 染色体常见的几种多态性检验结果的情况参照上文介绍的常染色体的情况。

（四）鉴定文书中"分析说明"或"论证"的描述

在法医物证鉴定文书中，分析说明或论证包括对鉴定文书中所涉及的遗传学、统计学概念进行简要说明，并描述在所得到的检验结果基础上进行的相关统计学指标的计算和基于计算结果的分析，作为鉴定意见的科学依据。下面笔者就法医物证鉴定中常见论证的内容进行逐一介绍。

示例 4-1　本次鉴定选择的 D3S1358、vWA、FGA、D21S11、D18S51、D5S818、D13S317、D7S820、D16S539、D8S1179、CSF1PO、D2S1338、D19S433、TH01、TPOX15 个 STR 基因座均是独立且按照孟德尔规律遗传的遗传标记，其累积个人识别能力为 ×.×××$\times 10^{-\times\times}$，其累积非父排除率（三联体）为 0.999 998 9/其累积非父排除率（二联体）为 0.999 77，联合应用可以进行个体识别及亲权鉴定。

示例 4-1 是对使用基因座的情况及其检测能力和应用进行说明。其中，累积个人识别能力及累积非父排除率是根据检测的基因座的遗传学基础数据计算出来的。理论上，检测的基因座越多，累积个人识别能力及累积非父排除率就越大，说明检测这些基因座得出的结果越准确。同时需要说明的是，三联体、二联体、疑父疑母的亲缘鉴定中，就算检测的是同样的基因座，但由于其非父排除率的计算方法是不同的，所以上面三种亲缘鉴定的非父排除率也是不同的。所以在审查鉴定文书时，如果发现检测同一批基因座，其累积三联体非父排除率及二联体非父排除率是一样的，那肯定是有问题的。

示例 4-2 个体识别的证据强度一般依据似然率来判定。大于 1 支持现场物证上 DNA 来源于嫌疑人的假设，小于 1 则支持现场物证上 DNA 来源于无关个体的假设。似然率越大，越支持现场物证上 DNA 来源于嫌疑人的假设。

上面是对个体识别中似然率的原理进行说明。

示例 4-3 亲权鉴定一般依据亲权指数来判定。大于 1 支持嫌疑父是孩子生父的假设，小于 1 则支持随机男子是孩子生父的假设。在排除双胞胎和近亲等的前提下，亲权指数越大，表示亲权关系成立的可能性越大。

示例 4-3 是对亲权鉴定中的亲权指数的原理进行说明。

示例 4-4 Y 染色体呈父系遗传，同一父系个体的 Y 染色体 STR 基因型相同，因此 Y 染色体 STR 多态性检验作为常染色体 STR 多态性检验的补充手段，用于判断是否符合父系遗传关系。

示例 4-4 是对应用 Y 染色体进行 DNA 检验原理的说明。

示例 4-5 X 号检材与 Y 号检材在 D3S1358 等 15 个基因座基因型相同，采用中国人群 STR 群体数据资料，按照《个体识别技术规范》（SF/Z JD0105012-2018）进行统计学计算，似然率为×.×××10$^{××}$，即 X 号检材上 DNA 来源于 Y 号检材所属个体的可能性是来源于无关个体可能性的×.×××10$^{××}$倍。

示例 4-5 是对现场检材 X 比中（或称匹配）已知人员 Y 所进行的描述。

示例 4-6 X 号检材获得两个个体混合基因分型，在 D3S1358 等 15 个基因座中，均包含 Y、Z 号检材相应基因座的全部等位基因。

示例 4-6 是对检材包含明确的两个个体混合基因型的描述。

示例 4-7 X 号检材基因型与 Y 号检材基因型不相同。

示例 4-7 是对检材 X 未比中（不能匹配）已知人员 Y 的描述。

示例4-8　X号检材获得两个个体混合基因分型，在3S1358等6个基因座中，均不包含Y号检材相应基因座的部分等位基因。

示例4-8是检材X检出混合DNA分型，但不包含已知人员Y的DNA的描述。

示例4-9　X号检材（子代）在D3S1358等15个基因座的一个等位基因可从Y号检材（已知母亲）的相应基因型中找到来源，另一个等位基因可从Z号检材（假设父亲）的相应基因型中找到来源。采用中国人群STR群体数据资料，按照GB/T 37223-2018或GA/T 965-2011进行统计学计算，累积亲权指数为×.×××10^{xx}，即Z号检材所属个体为X号检材所属个体生物学父亲的可能性是无关个体为X号检材生物学父亲可能性的×.×××10^{xx}倍。

示例4-9是三联体亲权鉴定中认定假设父亲的描述。

示例4-10　X号检材（子代）在D3S1358等15个基因座的一个等位基因可从Y号检材（假设父亲）的相应基因型中找到来源。采用中国人群STR群体数据资料，按照GB/T 37223-2018进行统计学计算，累积亲权指数为×.×××10^{xx}，即Y号检材所属个休为X号检材所属个体生物学父亲的可能性是无关个体为X号检材生物学父亲可能性的×.×××10^{xx}倍。

示例4-10是对二联体亲权鉴定中认定假设父亲的描述。

示例4-11　X号检材（子代）与Y号检材（假设父亲）在D3S1358等10个基因座的基因型不符合孟德尔遗传规律，采用中国人群STR群体数据资料，按照GB/T 37223-2018或GA/T 965-2011进行统计学计算，累积亲权指数为×.×××10^{xx}，小于0.000 1。

示例4-11是对三联体或二联体亲权鉴定中排除假设父亲的描述。

示例4-12　X、Y号检材在DYS19等17个基因座基因型相同。

示例4-12是对检材X与已知人员Y的Y染色体基因型相同所进行的描述。

示例4-13 X 与 Y 号检材在 DYS19 等 6 个基因座基因型不相同。

示例 4-13 是对检材 X 与已知人员 Y 的 Y 染色体基因型不同所进行的描述。

（五）鉴定文书中"鉴定意见"的表述

1. 常染色体 DNA 检验的鉴定意见表述

（1）个体识别鉴定意见的表述。

检材比中/匹配已知人员，其鉴定意见可以有以下几种表述：

①支持 X 号检材与 Y 号检材来源于同一个体，似然率为×. ×××10$^{××}$。

②X 号检材与 Y 号检材 STR 分型相同，似然率为×. ×××10$^{××}$。

③X 号检材的 STR 分型/DNA，与 Y 的血样在 D3S1358 等 15 个基因座基因型相同，其似然率为×. ×××10$^{××}$。

检材未比中/不匹配已知人员，其鉴定意见可以有以下几种表述：

①排除 X 号检材与 Y 号来自同一个体。

②X 号检材与 Y 号检材 STR 分型不同，二者不是来源于同一个体。

③X 号检材检出的 STR 分型/DNA 不是来源于 Y。

检材检出明确的两个个体混合基因型，且包含已知两人的 DNA，其鉴定意见可以表述为：

①X 号检材检出混合基因型，不排除来源于 Y 和 Z。

②X 号检材检出混合基因型，包含 Y 和 Z 的基因型。

现场检材检出混合 DNA 分型，但不包含已知人员的 DNA 的鉴定意见可以表述为：

①X 号检材检出混合基因型，排除来源于 Y。

②X 号检材检出混合基因型，不包含 Y 的基因型。

（2）亲缘鉴定的鉴定意见的表述。

认定亲权关系，其鉴定意见可以有以下几种表述：

①依据现有资料和 DNA 分析结果，支持 Y 为 X 的生物学父（母）亲。

②Y 是 X 的生物学父（母）亲的亲权指数为×.×××10$^{××}$。

③Y 是 X 的生物学父（母）亲，亲权指数为×.×××10$^{××}$。

④Y 是 X 的生物学父（母）亲的相对机会为 99.99%。

排除亲权关系，其鉴定意见可以有以下几种表述：

①依据现有资料和 DNA 分析结果，排除 Y 为 X 的生物学父（母）亲。

②Y 不是 X 的生物学父（母）亲。

无法确定亲缘关系，其鉴定意见可以表述为：

①不排除 Y 是 X 的生物学父（母）亲。

②依据现有资料和 DNA 分析结果，无法确定 X 与 Y 的亲缘关系。

2. Y 染色体 DNA 检验的鉴定意见表述

检材与已知人员 Y 染色体基因型一致时，个体识别的鉴定意见可表述为：X 检材与 Y 的 Y 染色体 STR 分型结果相同，不排除 X 检材与人员 Y 来源于同一个体。

检材与已知人员 Y 染色体基因型不一致时，个体识别的鉴定意见可表述为：X 检材与 Y 的 Y 染色体 STR 分型结果不同，X 检材与人员 Y 不是来源于同一个体。

已知人员 X 与已知人员 Y 染色体基因型一致时，亲权鉴定的鉴定意见可表述为：X 与 Y 的 Y 染色体 STR 分型结果相同，X 与 Y 之间符合父系遗传关系。

已知人员 X 与已知人员 Y 染色体基因型不一致时，亲权鉴定的鉴定意见可表述为：X 与 Y 的 Y 染色体 STR 分型结果不同，X 与 Y 之间不符合父系遗传关系。

3. 检材未检出多态性检验结果的意见表述

检材未检出多态性检验结果，鉴定意见可以表述为：

X 号检材未检出人 DNA/基因型/STR 分型。

4. 其他情况

对于仅检验检材且没有比对样本或无其他鉴定文书进行比对时，只给出检验结果，不做出鉴定意见。在上述情况下，如检出两个及以上检材基因型一致的，不进行似然率的计算，但建议在检材结果列表后做出"X 检材与 Y 检材基因型一致""X 检材与 Y 检材、Z 检材基因型均一致"等类似表述；如检出两个及以上检材的基因型互不相同时，建议在检材结果列表后做出"X 检材与 Y 检材基因型不一致""X 检材、Y 检材、Z 检材基因型互不一致"等类似表述，以方便委托人及相关人的理解和使用。

当检验检材及比对样本时，如所有检材均未检出或未检出有效基因型或检出混合基因型无法判型，导致检材无法与样本进行比对的，只给出检验结果，不做出鉴定意见。

在个体识别的鉴定中，如果涉及多个检材与多个人员样本进行比对，由于人类 DNA 具有唯一性和排他性，在鉴定文书的论证及鉴定意见中，如某个检材比中了某个人员样本，则该检材可以不再与其他人员样本进行比对。如在鉴定意见中表述"X 号检材与 Y 号检材 STR 分型相同，似然比为×.×××10$^{××}$"，那就不用再表述"排除 X 号检材与 Z 号来自同一个体"。

在个体识别的鉴定中，由于某些检材的特殊性，不用与已知人员样本进行比对，比如强奸案中送检了现场精斑和被害人女性样本，则在鉴定文书中不用表述现场精斑和被害人女性样本的 DNA 是否一致。

这里特别要说明的是，司法部司法鉴定管理局于 2015 年针对亲子鉴定发布了《亲子鉴定文书规范》（SF/Z JD0105004-2015）。这个规范现在仍是有效的，该规范要求的鉴定文书格式和内容与《司法部关于印发司法鉴定文书格式的通知》（司发通〔2016〕112 号）基本一致，司法鉴定机构出具亲子鉴定文书也可采用该规范执行。

第四节　法医物证鉴定文书中使用标准解析

在鉴定文书的"检验过程"中应客观描述使用的检验方法、标准，如按照行标 GA/T 765-2020、GA/T 766-2020、GA/T 383-2014 进行检验分析。使用的检验方法、标准是在委托受理阶段由委托人和鉴定机构共同约定的。根据笔者长期审查鉴定文书的经验，在鉴定文书中注明检验方法、标准往往是容易被忽视甚至出错的地方。

一、法医物证鉴定的标准

（一）按照标准的类型分类

常用的法医物证鉴定标准方法包括国家标准（GB）、公共安全行业标准（GA）、司法行政行业标准（SF）、司法鉴定技术规范（SF），国家行业部门以文件、技术规范等形式发布的方法也视同标准方法。标准代号后有"/T"的（如 GB/T、GA/T）表示该标准是推荐性标准，标准代号后有"/Z"的（如 SF/Z）表示该标准是指导性标准，标准代号后什么都没有的（如 GB、GA）表示该标准是强制性标准。推荐性标准和指导性标准由鉴定人根据情况选择使用，不具备强制性，强制性标准则必须使用。

（二）按照标准的用途分类

涉及法医物证鉴定的标准根据其用途不同可分为以下几类：

1. 检验方法类

这类标准主要规定如何进行 DNA 检验，如《法庭科学 DNA 实验室检验规范》（GA/T 383-2014）。此标准包含了常见各类检材的 DNA 前期检验、提取与纯化、定量、分析、测序的操作，也是 DNA 实验室最常用、最重要的标准，法医物证鉴定文书中一般都会注明使用了该标准。又如公安部物证鉴定中心的《骨骼和牙齿的 DNA 提取方法》（IFSC 02-02-07-2021），这个方法就比较局限。一是只针对骨骼和牙齿这两类检材；二是只涉及这两类检材的提取方法，而不涉及定量、分析、测序等操作。

2. 数据分型类

这类标准是规范 DNA-STR 分型结果如何进行判读和应用的，如《人类 DNA 荧光标记 STR 分型结果的分析及应用》（GA/T 1163-2014）。

3. 结果判定类

这类标准是指导鉴定人利用已有的 DNA-STR 分型（基因型）结果进行计算并判定结果的，如《法庭科学 DNA 亲子鉴定规范》（GA/T 965-2011）、《亲权鉴定技术规范》（GB/T 37223-2018）等。

4. 建设类

这类标准是指导 DNA 实验室规范建设的，如《法庭科学 DNA 数据库建设规范》（GB/T 21679-2008）、《法庭科学 DNA 实验室建设规范》（GA/T 382-2014）。

5. 其他

如《法医生物检材的提取、保存、送检规范》（GA/T 1162-2014），就是规范 DNA 检材的处置的。

二、法医物证鉴定中使用标准注意事项

鉴定人应根据情况谨慎选择标准、方法。

（一）检验方法类标准

涉及检验方法类的标准，主要是指鉴定人采用哪个标准中的何种方法进行 DNA 的检测。举例如下：

如果使用《法庭科学 DNA 实验室检验规范》（GA/T 383-2014），该标准中规定的检验方法有有机溶剂法、Chelex 法、硅珠法、磁珠法、硅胶膜吸附法等，那鉴定人则可以使用上述任意方法进行检验，并在鉴定文书中列出该方法。但如果鉴定人使用的是公安部物证鉴定中心的《骨骼和牙齿的 DNA 提取方法》（IFSC 02-02-07-2021），该方法只规定了用 QIAquick 纯化法检验骨骼和牙齿的 DNA，那鉴定人就只能针对骨骼和牙齿使用该方法，而且只能使用 QIAquick 纯化法，也只能在鉴定文书中描述使用 QIAquick 纯化法，而不能描述使用了其他方法如 Chelex 法进行检验。

（二）数据分型类标准

数据分型类的标准，主要是指鉴定人根据设备及软件输出的 DNA-STR 分型图谱，判断哪些 DNA 基因峰可以认定，哪些基因峰是不能认定的，常见的有《法庭科学 DNA 实验室检验规范》（GA/T 383-2014）及《人类 DNA 荧光标记 STR 分型结果的分析及应用》（GA/T 1163-2014）两个标准。现举例如下：

在《法庭科学 DNA 实验室检验规范》（GA/T 383-2014）中对 DNA 数据分型的要求是以各试剂盒的说明书为准。如 Promega 公司的 PowerPlex 21 系统说明书中对 DNA 数据判型的要求是以实验室自己验证的情况来确定基因峰阈值（可识别的最小基因峰高值）。也就是说把判定有效基因峰所必须达到的峰高的决定权交给实验室，实验室可以根据自己实验室的情况确定有效判型的峰高，只要能取得正确的分型，则不必拘泥于峰高具体是多少。

《人类 DNA 荧光标记 STR 分型结果的分析及应用》（GA/T 1163-2014）则对判定有效基因峰有明确的规定：一是样本分型图谱清晰，峰阈值大于 100 RFU；二是每一内标峰标定正确；三是 Ladder 每个基因座的等位基因峰均在规定范围之内，等位基因命名正确无误；四是已知阳性参照物的分型结果正确，阴性参照物无基因峰；五是每个基因座都有一个基因峰（纯合子）或两个基因峰（杂合子）。纯合子时，一个基因座基因峰的峰面积约为相邻基因座杂合子基因峰的一倍；杂合子时，一个基因座的两个基因峰的峰面积比值大于70%。

如鉴定人使用《人类 DNA 荧光标记 STR 分型结果的分析及应用》（GA/T 1163-2014）的标准，则会在疑难或微量检材的 DNA 分型判定上遇到困难。因为疑难或微量检材的 DNA-STR 分型往往难以满足上述标准中"峰阈值大于 100 RFU"及"纯合子时，一个基因座基因峰的峰面积约为相邻基因座杂合子基因峰的一倍；杂合子时，一个基因座的两个基因峰的峰面积比值大于 70%"的要求。疑难或微量检材往往因为有降解、易污染，检材中 DNA 含量少、杂质多，峰高及峰面积比例达不到该标准的要求，则不能判定基因峰是有效的。但是，在实际工作中，鉴定人往往可以通过经验进行主观判定，比如一个基因峰峰型很干净，但是峰高并没有达到 100 RFU，如果使用《法庭科学 DNA 实验室检验规范》，则可以判定该峰有效，但如果使用《人类 DNA 荧光标记 STR 分型结果的分析及应用》，则不能判定该峰有效。

（三）结果判定类标准

结果判定类的标准，是指鉴定人根据数据分型的结果，对某个检材是某个人所留（个体识别），或者某几个人是否存在亲缘关系进行判定（亲缘鉴定）的标准。

1. 个体识别的判定标准

如要使用《人类 DNA 荧光标记 STR 分型结果的分析及应用》（GA/T 1163-2014）对个体识别进行判定，该标准的判定要求如下：

个体识别是通过比较案发现场收集到的法医物证检材与比对样本的遗传标记，判断前后两次或多次出现的个体是否为同一个体。若两份检材的遗传标记表型相同，则称为两份检材的遗传标记表型匹配，即不能排除两份检材来自同一个体；若两份检材的遗传标记表型不同，可明确两份检材不是来自同一个体。具体规定为：两个检材所检测的遗传标记，如果不少于 13 个 STR 基因座分型一致，判断为匹配即认定两份检材是来自同一个体，并计算其累积似然率。在排除拔起峰、等位基因丢失非特异峰等前提下，如果两个检材所检测的 STR 基因座分型一个及以上不同，判断为不匹配即认为两份检材不是来自同一个体。

如果使用《法庭科学 DNA 检验鉴定文书内容及格式》（GA/T 1161-2014）或司法部鉴定技术规范《个体识别技术规范》（SF/Z JD0105012-2018）对个体识别进行判定，上述两个标准对个体识别的判定规定如下：

当现场检材与比对样本的基因型完全一致时（未得到基因型的基因座除外），应计算被检出基因座所在人群中的随机个体匹配率并得出似然率。

上述两个标准对认定同一所需匹配的基因座数目没有要求，有几个基因座匹配，就根据其基因频率，计算似然率，并在鉴定文书中表达出来。如果两个检材所检测的基因座分型一个及以上不同，也无须计算，直接认定两份检材不是来自同一个体。

综上所述，如果使用《人类 DNA 荧光标记 STR 分型结果的分析及应用》（GA/T 1163-2014）进行个体识别，至少要有 13 个及以上的基因座分型一致，且没有不一致的基因座分型，则认定两个检材来自同一个体，并计算其似然率；如果两个检材所检测的 STR 基因座分型有一个及以上不同，判断为不匹配即认为两份检材不是来自同一个体。如果使用《法庭科学 DNA 检验鉴定文书内容及格式》（GA/T 1161-2014）或司法部鉴定技术规范《个体识别技术规范》（SF/Z JD0105012-2018）对个体识别进行判定，在没有不一致基因座分型的情况下，有几个基因座分型一致，就计算几个基因座分型的累积似然率，没有 "13 个及以上的基因座分型一致" 的要求。如果两个检材所检测的 STR 基因座分型有一个及以上不同，也无须计算，直接认定两份检材不是来自同一个体。如果上述三个标准都不使用，则只能说明现场检材与比对样本有多少个基因座分型一致，且不能计算似然率。

2. 混合样本的判定标准

法医物证的混合样本是指某个检材来自两个或两个以上的个体，具体表现在图谱上在多个基因座观察到三个或三个以上等位基因峰（混合分型）。混合 DNA 中两组分的混合样本较为常见，在一个基因座上有四个等位基因时，可有三对等位基因组合；有三个等位基因时，可有六对等位基因组合；有两个等位基因时，可有四种等位基因组合；有一个等位基因时，只有一种可能，即两个个体均为纯合子且等位基因相同。

根据混合样品的 DNA 分型结果判定是否含有某个人或某几个人的 DNA，各个标准的规定也不一样。

《法庭科学 DNA 检验鉴定文书内容及格式》（GA/T 1161-2014）对混合样本的判定规定为：对于混合样品的检验，当比对样品有三个以上的基因座在检材中未找到相应的等位基因时，给出排除的鉴定意见；当混合样品的来源限制在两人，混合样品的各基因座的谱带完整且各基因座的谱带峰高、面积比完全符合两个人的混合分型，可以给出不排除该样品来源于两人的鉴定意见；其他情况不给出鉴定意见。

也就是说，该标准给出了三个判定条件：

一是如果某个检材检测出一个混合 DNA 分型，并与某个已知人员的 DNA 进行比对，此人有三个以上的基因座的分型不能在该检材的混合 DNA 分型中找到，则认为这个人不是该检材混合 DNA 分型的提供者之一，也可以说，该检材不是这个人所留。具体举例如表 4-5 所示。

表 4-5　排除某检材不是某人所留

基因座	检材	已知人员	说明
D19S433	15，16，16.2	12，16	人员的"12"在检材中没有找到

表4-5(续)

基因座	检材	已知人员	说明
D5S818	11，12	10，11	人员的"10"在检材中没有找到
D21S11	29，30，32.2	28，31	人员的"28""31"在检材中没有找到
判定结果			该检材不是已知人员所留

二是当明确检材的混合 DNA 分型只可能来自两人，具体表现为每个基因座的峰型不超过四个，且各基因座的基因峰型完整，峰高、面积比完全符合已知两个人的 DNA 分型混合的结果，可以给出不排除该样品来源于两人的鉴定意见。具体举例如表4-6所示。

表 4-6 不排除某检材是某两个所留

基因座	检材	已知人员 A	已知人员 B	说明
D19S433	15，16，16.2	15，16	15，16.2	人员 A 和人员 B 的 DNA 分型混合后能形成检材的混合分型
D5S818	11，12	11	12	同上
D21S11	28，29，30，32.2	28，30	29，32.2	同上
判定结果				不排除该检材来源于人员 A 和人员 B

但要注意，这里给出的鉴定意见是"不排除"，而不是认定。也就是说，该检材可能是该已知两人所留，也有可能不是该已知两人所留。

三是除开上述两种情况的检材混合 DNA 分型，均不给出鉴定意见。

《人类 DNA 荧光标记 STR 分型结果的分析及应用》（GA/T 1163-2014）对混合样品判定的规定与《法庭科学 DNA 检验鉴定文书内容及格式》（GA/T 1161-2014）有区别，其判定规定为：当混合样本来源于两个个体，峰高相差不大，且无对照样本；或混合样本来源于两个个体以上；图谱中多个基因座出现 5 个及 5 个以上等位基因峰时，不主观判读等位基因型。

该标准并没有给出混合样本认定的判定条件，只给出了不主观判定的条件：一是确定混合样本来自 2 个个体，具体表现为图谱中每个基因座的基因峰不超过 4 个，但没有 2 个已知的人员 DNA 进行比对时，不进行判定；二是确定混合样本来源于 2 个以上个体，具体表现为图谱中有 1 个及以上的基因座的基因峰超过 4 个，此时无论有没有已知人员进行比对，都不进行判定；三是图谱中多个基因座出现 5 个及 5 个以上基因峰，此时无论有没有已知人员进行比对，也不进行判定。

综上所述，鉴定人如果使用《法庭科学 DNA 检验鉴定文书内容及格式》（GA/T 1161-2014）对混合样品进行判定，可以根据不同的情况做出"排除某检材不是某人所留""不排除某检材是某两人所留"和"无法判定"三种判定，并给出鉴定意见。如果使用《人类 DNA 荧光标记STR 分型结果的分析及应用》（GA/T 1163-2014）进行混合样品的判定，只能根据该标准的判定条件，给出"无法判定"的鉴定意见，而不能给出"排除"或者"不排除"的鉴定意见。

3. 亲缘鉴定的判定标准

（1）不同亲缘鉴定类型应使用不同的标准。

如前文介绍，法医物证的亲缘鉴定包括三联体亲子鉴定、父母皆疑三联体亲子鉴定、二联体亲子鉴定和其他亲缘鉴定（祖孙、同胞、旁系亲属间的亲缘鉴定）。如果采用《法庭科学 DNA 亲子鉴定规范》（GA/T 965-2011），那就只能做三联体亲子鉴定，即被检测男子、孩子及其母亲构成的三联体的亲子鉴定，也包括被检测女子、孩子及其父亲构成的三联体的亲子鉴定；而不能做只有被检测男子与孩子的单亲亲子关系鉴定（二联体亲子鉴定）、双亲皆疑的亲缘关系鉴定。如果采用《亲权鉴定技术规范》（GB/T 37223-2018），可以做真三联体亲子鉴定、二联体亲子鉴定，但不能做父母皆疑三联体亲子鉴定。如果采用《生物学祖孙关系鉴定规范》（SF/Z JD0105005-2015），就只能做生母、祖父、祖母同时参与鉴定下被检孩子与祖父、祖母间的祖孙关系鉴定。如果采用《生物学全同胞关系鉴定技术规范》（SF/T 0117-2021），就只能做双亲皆无情况下甄别两个体间生物学全同胞的关系，不适用于其他亲缘关系（如半同胞或堂表亲等关系）的鉴定。

（2）不同标准对亲缘关系的判定条件也不同。

使用《法庭科学 DNA 亲子鉴定规范》（GA/T 965-2011）、《亲权鉴定技术规范》（GB/T 37223-2018）进行三联体或者二联体的亲权鉴定，都是通过计算累积亲权指数来确定是否成立亲权关系。

样本间 STR 分型符合遗传关系的，按照相应的亲权指数计算公式计算其亲权指数。以二联体亲子鉴定为例，儿子某个基因座的基因型为"14，16"，假设父亲是"15，16"，假设父亲能够提供给儿子"16"等位基因，符合遗传关系，按照上述两个标准中亲权指数计算公式计算其亲权指数。

样本间有基因座 STR 分型不符合遗传关系的，也要计算亲权指数，按照上述两个标准中关于突变的亲权指数计算公式进行计算。还是以二联体亲子鉴定为例，儿子某个基因座的基因型为"14，16"，假设父亲是"17，18"，假设父亲不能提供给儿子"14"或"16"等位基因，不符合遗传关系，则按照"17"突变成"16"的情况计算其亲权指数。

最终所有检出基因座的累积亲权指数小于 0.000 1 时，排除亲权关系；累积亲权指数大于 10 000 时，认定亲权关系；如果累积亲权指数在 0.000 1 至 10 000 之间，需要增加检测遗传标记（基因座）来达到要求，即直至累积亲权指数小于 0.000 1 或大于 10 000。

如果使用《法庭科学 DNA 检验鉴定文书内容及格式》（GA/T 1161-2014）进行三联体或者二联体的亲权鉴定，该标准规定：

当检测出的基因座均符合孟德尔遗传规律时，计算亲权指数。当累积亲权指数大于 10 000 时，给出认定的鉴定意见；当累积亲权指数小于 10 000 时，继续增加其他检验方法。

当有 3 个及以上基因座不符合孟德尔遗传定律时，给出排除鉴定意见。也就是说，当有 3 个及以上基因座不符合孟德尔遗传定律时，可以不对这些基因座进行突变的亲权指数计算，直接给出排除意见。

遇有 1 个基因座排除的情况，在考虑突变率的影响后，如累积亲权指数小于等于 2 000，应继续增加其他检验方法；如未发现新的基因座排除的情况，且累积亲权指数大于 2 000，给出不排除的鉴定意见。遇有 2 个基因座排除的情况，应继续增加其他检验方法，发现新的基因座排除的情况，给出排除的鉴定意现；未发现新的基因座排除的情况，给出不排除的鉴定意见。

总的来说，如使用《法庭科学 DNA 亲子鉴定规范》（GA/T 965-2011）、《亲权鉴定技术规范》（GB/T 37223-2018）进行三联体或者二联体的亲权鉴定，无论样本间基因型是否符合遗传关系，都需要计算亲权指数（包括突变的计算），以判断是否满足认定或排除的标准。如使用《法庭科学 DNA 检验鉴定文书内容及格式》（GA/T 1161-2014）进行三联体或者二联体的亲权鉴定，如样本间所有检测的基因座基因型都是符合遗传关系的，则计算亲权指数以判断是否满足认定亲权的标准。如样本间基因型有 3 个及以上基因座不符合遗传关系，则可以直接判定为排除亲权关系，不再计算累积亲权指数。如样本间基因型有 1 至 2 个基因座不符合遗传关系，应继续增加基因座检测，如有新的基因座排除的情况，则判定为排除亲权关系，如没有新的基因座排除的情况，且累积亲权指数大于 2 000，则判定为不排除亲权关系。

第五节　法医物证鉴定文书的复核审查

在完成鉴定全过程后，由第一鉴定人汇总所有记录，制作鉴定文书的审批稿，一并交复核人进行复核审查，复核人在审查应注意以下事项：

一、程序审查

第一，鉴定文书所涉及的鉴定档案是否齐全。一套完整的法医物证鉴定档案应包括鉴定协议（委托书或鉴定事项确认书）、检验记录（包括提取、扩增、电泳记录）、DNA 分型图谱、计算过程记录、检材和样本流转记录、鉴定文书审批稿、审批表、鉴定资格证明等。应重点注意检验记录及 DNA 分型图谱中是否包含了所有检材，有无混淆、漏记的情况。

第二，鉴定档案中各个记录的信息是否一致。比如委托书中的委托人、委托事项与鉴定文书是否一致，受理时约定的方法与鉴定过程使用的方法、鉴定文书中注明的方法是否一致，检材的唯一性编号是否与检验记录、图谱、计算记录及鉴定文书保持一致等。

第三，从委托受理到出具鉴定文书的时间是否符合逻辑。比如委托受理的时间应该早于开始检验鉴定的时间；又如应该按先提取、后扩增、再电泳的顺序在相关记录中记录检验时间。

第四，所有记录是否都有鉴定人的签名确认。

第五，鉴定文书的格式是否符合要求。比如鉴定文书的排版、字体、间距是否符合相关规定。

第六，鉴定文书中检材和样本的描述是否与实际一致。比如检材的颜色、品牌、规格、被鉴定人的身份信息是否与照片或者实物一致。

第七，检验结果和鉴定意见的完整性。鉴定文书的检验结果和鉴定意见是否对所有送检的检材和样本都有所交代。比如在个体识别的鉴定中，委托人送检了 3 个现场检材和 1 个已知嫌疑人样本，结果 3 个现场检材中有 2 个和已知人员的 DNA 一致，1 个与已知人员不一致，但在鉴定文书的鉴定意见中只表述了 2 个和已知人员 DNA 一致的检材，而忽视了不一致的那个检材。

第八，其他错误。比如时间、地名、人名的错误，如"2010 年"写成"2020 年"，"林荫街"写成"林阴街"，"王某"写成"李某"等。

二、技术审查

第一，检验鉴定的过程和结果是否符合委托的鉴定事项和鉴定项目。比如，委托人要求确认检材是否是人血，但鉴定人只是进行了该检材的 DNA 分型检测，而未做人血的确证检验。又比如，委托要求在强奸案送检的内裤上分别检测其女性成分及精斑的 DNA，但鉴定人只做了内裤上精斑的 DNA。

第二，鉴定中使用的方法是否能满足委托鉴定的要求。一是审核方法的有效性。核查使用的方法是否现行有效，不得使用过期作废的方法。比如公共安全行业标准《人血红蛋白检测金标试剂条法》2008 版已经被 2020 版替代，但鉴定人不清楚，还在用 2008 版的标准开展鉴定。二是审核方法的适用性。比如鉴定要求是二联体亲子鉴定，鉴定人却使用《法庭科学 DNA 亲子鉴定规范》（GA/T 965-2011），该标准仅适用于真三联体亲子鉴定。三是审核方法的完整性。比如某个方法要求使用某个设备，但是检验记录中却未记录使用该设备的情况。

第三，涉及亲子鉴定的，要重点审查鉴定使用的亲子鉴定的类型是否正确。前文说过，常见的亲子鉴定类型分为三联体亲子鉴定（已知母子关系或父子关系确定假设父亲或假设母亲）、二联体亲子鉴定（确定母子或父子关系）、疑父疑母亲子鉴定（已知夫妻关系确定假设子代）。上述三种类型看起来相似，但其原理及非父排除率、亲权指数计算公式都不一样，所以复核人要根据鉴定协议中注明的被鉴定人之间的关系来检查鉴定中采用的亲子鉴定类型是否正确。比如，已知父母确认一具无名尸是否是其子女，那就不能使用三联体亲子鉴定，而应采用疑父疑母亲子鉴定。

第四，检材图谱的判型是否正确。特别是一些微量、降解的检材，其 DNA 含量少、易污染会导致等位基因随机丢失、出现杂峰等，从而造成判定基因型出现偏差。比如由于 DNA 量少，有可能检材实际为"15，16"的基因型，在图谱上只出现"15"一个基因峰；又如由于污染，有可能检材实际为"15"的基因型，在图谱上出现"15""19"两个基因峰。所以在复核微量、降解的检材的图谱时，复核人认为图谱基因峰有疑问的，应会商鉴定人复检检材。

第五，检材的图谱中判定的基因型与计算记录及鉴定文书中的基因型是否一致。特别是在检材较多的情况下，鉴定人容易在记录中搞错检材的图谱中的基因型，导致计算结果出错。

第六，鉴定人使用标准的适用性。

如果鉴定人使用了《人类 DNA 荧光标记 STR 分型结果的分析及应用》（GA/T 1163-2014），那复核人应重点核查检材图谱中的基因峰高和杂合子两个基因峰的峰面积比值是否满足该标准要求，如果不能满足，则该基因座的基因型就不能判定。

如果鉴定人使用《人类 DNA 荧光标记 STR 分型结果的分析及应用》（GA/T 1163-2014）进行个体识别，并且认定检材和已知人员为同一，那复核人应重点核查，检材和已知人员是否有 13 个及以上基因座的基因型一致，如果没有，按该标准就不能判定为同一。

如果鉴定人使用《亲权鉴定技术规范》（GB/T 37223-2018）进行亲

子鉴定，无论样本检测的基因座是否符合遗传关系，均应进行亲权指数的计算，直到累积亲权指数达到认定或排除的阈值，而不能仅凭有 3 个及以上的基因座不符合遗传关系就做出排除亲权关系的鉴定意见。只有使用《法庭科学 DNA 检验鉴定文书内容及格式》（GA/T 1161-2014）这个标准时，才能不经计算，只要发现有 3 个及以上的基因座不符合遗传关系就做出排除亲权关系的鉴定意见。

第七，检验结果与背景资料的符合性。比如个体识别中，某一个检材的 DNA 检验结果与现场勘查或委托人陈述的情况有矛盾，则应慎重考虑该结果是否可信，必要时应进行复检。

第八，检材和样本检验结果之间的关联性和合理性。比如伤害案中，送检受伤的父子两人血样及多处现场血痕，鉴定人除了比对现场血痕为谁所留，还应注意父子的 DNA 分型是否存在亲子关系，如果不存在亲子关系，则应考虑送检样本或鉴定过程是否有误。又如在强奸案检验中，内裤上可疑斑迹检出人精斑，DNA 检测又检出女性受害人及男性嫌疑人的混合 DNA，鉴定人在鉴定文书的鉴定意见中表述为"内裤上人精斑包含受害人及嫌疑人 DNA"，但这种表述是不合理的，人精斑不可能包含女性受害人的 DNA。

第九，在所有检验结果都正确无误的情况下，还应审查检验结果能否推导出鉴定文书中的鉴定意见。比如检材的图谱显示混合 DNA 分型，并包含甲和乙的 DNA，但在鉴定文书的鉴定意见中，却写的是该检材包含乙和丙的 DNA 分型。

第六节　法医物证鉴定的质量保证

法医物证鉴定文书的合法性、有效性、证据性是通过实验室采取各种质量保证措施来达成的。法医物证鉴定的实验室一般称为 DNA 实验室，其鉴定工作应满足法律法规、技术标准及其他要求。涉及法律法规如司法部的《司法鉴定机构登记管理办法》和《法医类 物证类 声像资料司法鉴定机构登记评审细则》，公安部的《公安机关鉴定机构登记管理办法》及相关规定；技术标准如《法庭科学 DNA 实验室建设规范》（ GA/T 382 -2014）；其他要求如设备管理的要求、检材保管的要求、试剂耗材的要求等。下面，笔者就 DNA 实验室在开展鉴定活动中应该注意的几个方面进行介绍。

一、资质要求

（一）司法鉴定机构的要求

司法鉴定机构应按照《司法鉴定机构登记管理办法》进行法医物证鉴定项目的登记，应有法医物证鉴定必需的仪器、设备，有 3 名以上司法鉴定人，应依法通过资质认定或者实验室认可。

（二）公安机关鉴定机构的要求

公安机关鉴定机构应按照《公安机关鉴定机构登记管理办法》进行 DNA 鉴定项目的登记，应有固定住所，有适合鉴定工作的办公和业务用房，有鉴定必需的仪器、设备，有进行鉴定必需的资金保障，有完备的鉴定工作管理制度，有开展 DNA 鉴定项目的 3 名以上的鉴定人，应依法通过资质认定或者实验室认可。

二、人员要求

人员的数量和能力应适应法医物证鉴定工作。

（一）司法鉴定机构的要求

1. 数量要求

司法鉴定机构鉴定专业应有 3 名以上司法鉴定人，司法鉴定人应持有有效的司法鉴定人执业证。

2. 能力要求

司法鉴定机构针对法医物证鉴定的不同鉴定项目对鉴定人的要求也有所区别。

开展法医物证鉴定的个体识别、三联体亲子关系鉴定、二联体亲子关系鉴定的，新申请执业鉴定人员需具有法医学、生物学、生命科学、遗传学、生物技术专业本科及以上学历；已取得法医物证专业领域的行业执业资格者专业要求可以适当放宽。鉴定人员需要具备从事法医物证鉴定相关工作 5 年以上经历。需要至少 1 位专职法医物证鉴定人有法医类中级职称。

开展亲缘关系鉴定（如祖孙、叔侄、全同胞等亲缘关系）的，鉴定人员需具有法医学、生物学、生命科学、遗传学、生物技术专业本科及以上学历。鉴定人员需具备从事法医物证鉴定相关工作 5 年以上经历。需要至少 2 位专职法医物证鉴定人有法医类高级职称。

开展生物检材种属和组织来源鉴定、生物检材来源生物地理溯源、生物检材来源个体表型推断、生物检材来源个体年龄推断、与非人源生物检材相关的其他法医物证鉴定的，鉴定人员需具有法医学、生物学、生命科学、遗传学、生物技术专业本科及以上学历。鉴定人员需具备从事法医物证鉴定相关工作 5 年以上经历。需要至少 3 位专职法医物证鉴定人有法医类高级职称。

鉴定项目的授权签字人的专业领域应与其司法鉴定人执业证规定的执业范围相对应。

（二）公安机关鉴定机构的要求

1. 数量要求

公安机关鉴定机构有 3 名以上具有 DNA 鉴定资格的鉴定人，且不得与其他鉴定专业兼职，同时至少有 1 名鉴定人拥有中级以上专业技术资格或者《检验检测机构资质认定评审准则》规定的同等能力。

2. 能力要求

实验室主要负责人具有本科以上文化程度或者具备中级以上专业技术资格，技术人员全部具有大专以上文化程度，并经学习或进修培训合格。

3. 其他要求

实验室的技术负责人、质量负责人、授权签字人应当是在职人民警察。外聘专家、返聘的退休专家不得任上述岗位。

实验室人员应当相对稳定，应使用正式人员（民警）或合同制人员（文职或辅警）。实验室应对正式人员（民警）或合同制人员实施相同的受控管理。

三、环境要求

（一）环境配置

1. 司法鉴定机构的要求

实验室应至少具备采样室、样品储存室（柜）、预检室、DNA 提取室、PCR 扩增室、PCR 产物分析室，还可根据开展特殊鉴定项目的需求配备 SNP 检测室、RNA 检测室、高通量测序室、表观遗传检测室等。

2. 公安机关鉴定机构的要求

由于公安机关鉴定机构的 DNA 实验室以个体识别为主要鉴定工作，

受理鉴定的生物检材种类繁多，且微量检材较多，为保证检材不受污染、检测结果准确可靠，故对实验室环境要求较高。

DNA 实验室具备受理区、更衣区、检材预处理区（包含暗房）、常量生物检材 DNA 提取区、微量生物检材 DNA 提取区、腐败生物检材 DNA 提取区、人员比对样本 DNA 提取区、扩增前加样区、扩增区、检测区、办公区等，各区间物理隔离，检验鉴定流程单向流动，现场物证与人员比对/建库样本的检验区域及设备不得共用。实验室按功能要求配备有相应防火、防震、防腐、防潮、防尘、防静电、恒温、消毒和给排水等设施。实验室设置门禁系统，具备防气溶胶污染和免交叉污染的紫外、高温、高压、超声等清洗消毒设备，各分区配备独立通排风、空调等设施。

无论是司法鉴定机构还是公安机关鉴定机构的 DNA 实验室，均应当配置必要的确保其鉴定人员在实施鉴定活动中的健康和人身安全的设施，并有相应的措施。实验室人员在进行某些有毒有害操作（如有机试剂配制、腐败检材处理）时，应有通风、人身安全防护等措施，比如口罩、帽子、防护衣、生物安全柜、洗眼器、急救箱等。

（二）环境监测

DNA 实验室检验区、检材保管区、试剂耗材保管区、档案保管区等应配备空调、新风、除湿机等设备设施，明确这些区域的环境控制要求并监测、控制、记录这些场所的环境情况。当环境条件危及检验的结果时，应停止检验活动。

（三）环境内务

DNA 实验室各功能区应有明确标识，划出明确的限制区域，外来人员参观、送检时如进入检验区内，应记录出入情况，如填写来访人员出入登记表。DNA 实验室的各功能区应保持检验区域的清洁卫生，常用耗材、器材设备摆放整齐。DNA 实验室的提取、扩增加样、电泳加样等区域应进行专业消毒灭菌处理，如紫外照射、84 消毒液擦拭等，避免残留检材的污染。实验室下班后应关灯、关水、关门等。

四、设备要求

（一）设备配备

设备的配备应满足检验鉴定工作的需要，主要是指设备的数量和性能指标（如量程、准确度、分辨率等）能够符合检验鉴定所依据的技术标准或规范的规定，能够达到检验目的。

1. 司法鉴定机构的要求

常规开展个体识别和常见亲缘鉴定（如真三联体、二联体亲缘鉴定）应至少配备遗传分析仪、PCR 扩增仪、分析天平（1mg）、生物安全柜、超净工作台、灭菌设备、振荡器、离心机、纯水仪、恒温器、移液器等，如还要开展特殊鉴定项目如特殊亲缘关系鉴定、生物检材种属和组织来源鉴定等，还需配备荧光定量 PCR 仪、显微镜、SNP 检测设备、高通量测序设备等。

2. 公安机关鉴定机构的要求

公安机关鉴定机构的 DNA 实验室应按照相关规定的要求进行配备，包括 DNA 测序仪、扩增仪、高速离心机（13 000 rpm 以上）、恒温混匀仪（或水浴锅）、涡旋振荡器、移液器、电子天平、纯水仪、高温高压灭菌器、生物物证发现提取设备等。

无论是司法鉴定机构还是公安机关鉴定机构，均要求不同检验区域分别配备移液器，移液器不得混用，避免污染。

（二）设备管理

实验室应对所有重要设备进行规范管理，包括对重要设备进行设备标识，建立档案，并完整记录其使用、维护、检定/校准等情况。这里所说的重要设备，主要是指对检验鉴定结果有影响的设备，如测序仪、PCR 扩增仪、自动化工作站等。

1. 维护保养

重要设备应建立维护保养程序，明确设备的维护项目内容和保养周期，定期进行维护保养并做好记录，使设备始终处于功能、参数正常的状态。重要设备的维护通常分为两种：一种是实验室自身就可以开展的维护保养，这种比较简单，如测序仪更换 Buffer、更换毛细管等；一种是需要厂家或专业公司进行的专业性维护，比如测序仪的光谱校正等。但无论是哪种维护，都应记录维护情况以备今后溯源。

2. 检定/校准或核查

重要设备（包括辅助设备如温湿度计等），应制定检定/校准计划。设备在投入使用前应进行检定/校准或核查，以证实其能够满足检验鉴定规范和标准。实验室应制定检定/校准或核查计划并执行。设备检定/校准或核查确认后应标识其状态，记录结果并将其存入设备档案。仪器设备的检定/校准或核查计划应根据仪器设备的工作周期，按要求滚动实施。

这里应注意，新进设备、器具（包括移液器等）应经检定/校准或核查合格后方可投入使用。设备、器具的出厂合格证不能替代检定证书或校准报告。

五、试剂耗材的管理

对重要供应品、试剂和消耗材料的生产商进行重点评价，确定其资质、产品质量、供货能力等。

购买的试剂耗材的参数、性能等应符合检验鉴定的要求。

常规试剂耗材的验收应通过对其数量、规格、型号、外包装等的检查来进行，关键试剂耗材的验收，应通过实验验证其质量，如 PCR 扩增试剂盒、FOB、PSA 等。

试剂耗材应按照储存要求存放在规定位置。对易燃、有毒的消耗品应实施安全隔离，专人保管。对储存环境有特殊要求的物品、关键试剂应对储存环境条件进行监测、控制和记录。如 AB 公司的 PCR 扩增试剂盒的保存要求为在开封之前存于-20℃环境，开封过后放置于 4℃环境，不需要反复冻融，试剂盒的引物及反应液需要现配现用，不要提前预混，直扩版本试剂盒和案件版本试剂盒不要混用。过期、作废的试剂、耗材应及时清理。

建立试剂耗材台账，做好进出库记录，关键试剂如 PCR 扩增试剂盒的进出库、使用应记录试剂批号。

离心管、枪头、剪刀等可能与检材接触的，应进行消毒处理后再投入使用。

实验用的试剂配制应有记录，试剂瓶上应有标签标明其名称、配置日期、有效期等信息。

耗材管理员应建立定期巡查制度，保证在用的试剂、耗材足够使用并在有效期内，同时关注试剂、耗材存储环境的有效性，如冰箱状态、房间温湿度等。

六、检材和样本的管理

应保护委托人送检检材和样本涉及的秘密和所有权。

检材和样本应按委托要求和鉴定方法完成检验鉴定的全过程。

检材和样本在检验鉴定过程中应尽量保证完整，防止非正常的损坏，如确需有损检验的，应征得委托人的同意。

检材和样本应有标识系统，防止混淆，应可追溯。每一份检材和样本应有唯一性编号，此编号应与相关的检验记录、实验图谱、计算记录、鉴定文书保持一致。标识系统包含唯一性编号、状态标识等。

在受理案件时，接收检材和样本应进行检查，并对检材和样本进行唯一性编号，同时对其状态进行详细描述，记录在委托书或鉴定事项确认书上。特别是对异常情况应详细记录（可采取照相固定）。如果检材有进一步细分的情况（如取样分解检材），应做好编号，如将编号为 2022-001-01 号的检材取样分解，则分解的检材细分编号为 2022-001-01-1 号。

对检材和样本要按规定保存，并满足相关要求，防止检材和样本的退化、污染、丢失或损坏。应注意检材保管区域的温湿度控制及安全措施，如配备空调、除湿机和门禁系统。

检材和样本在实验室内的流转过程（包括运输、接收、处置、保护、存储、保留、清理或返回）应进行控制和记录，并签名确认。特别是检材和样本交接时，交接双方应注明检材和样本的去向及具体交接时间，并签名。

七、方法管理

选择和制定鉴定方法是确保法医物证鉴定工作科学、准确和有效的前提。实验室根据相关标准或者技术规范，采用适合的方法和程序实施鉴定活动，满足客观公正鉴定的要求。

鉴定方法包括标准方法、非标准方法（含实验室自己制定的方法）。标准方法包括国际标准、区域标准、国家标准、行业标准、地方标准和国家行业主管部门以文件、技术规范等形式发布的方法。非标准方法一般包括实验室自己制定的方法、超出预定范围使用的标准方法、实验室自行扩充和修改的标准方法、由知名的技术组织或有关科学书籍和期刊公布的或仪器设备厂商制定的方法。

实验室应按照总则中"受理时鉴定方法的选择"的要求选用满足委托要求的鉴定方法。如采用标准方法，应进行验证以证明实验室能够正确地运用该方法并保留验证记录；如采用非标准方法，应在使用前进行适当的确认，并保留确认记录。

实验室应跟踪方法的变化，确保使用的方法是现行有效的，如果方法发生了变化，应重新进行验证或确认，并保留相关证明材料。

八、质量控制

法医物证鉴定的质量控制是指为达到质量要求所采取的作业技术和活动，目的在于监视过程并排除导致出现问题的原因以取得准确可靠的数据和结果。采用合理有效的质量控制手段，可监控检验工作过程，预见可能出现问题的征兆，或及时发现问题，使实验室有针对性地采取措施，避免或减少问题的发生。

法医物证鉴定质量控制可分为内部质控和外部质控。

（一）内部质控

法医物证鉴定常用的内部质量控制方法有：

（1）对所有的检验鉴定人员进行充分的监督和培训，保证人员的技术能力。

（2）实行检材和样本分类鉴定，特殊检材/样本单独鉴定，如分区、分时或分人鉴定。

（3）实验室应对影响检验鉴定质量的供应品、试剂和消耗材料进行质量确认（关键试剂应以实验的方式对阳性和阴性样本进行检测）。

（4）每一次检验应设置阳性与阴性对照。每96孔板不少于2个分型标准物。

（5）应注重检材的相关性、重复性和留样再检等控制方法。

（6）必要时增加检测的遗传标记，满足出具鉴定意见的要求。

（7）建立防范污染机制和疑难/微量生物检材检验结果专家复核机制，严格执行鉴定文书复核审批制。

（8）建立实验室相关人员（检验人员、辅助人员、在培人员、现勘人员等）DNA多态性信息数据库，并及时更新、添加，实时排查全部信息，以防污染。

（9）对检测结果及实验数据进行综合分析，对影响结果的因素进行系统评估。

（二）外部质控

法医物证鉴定常见的外部质量控制方法有：

（1）能力验证：实验室每年至少参加一次由专门机构组织的能力验证实验，结果至少达到基本满意，并对结果进行分析评估。

（2）实验室间比对：有条件的实验室可以通过与本行业所认可的实验室进行比对实验来进行质量控制。

附件 4-1　司法鉴定机构司法鉴定意见书

×××司法鉴定所
司法鉴定意见书

编号：_____（司法鉴定专用章）

一、基本情况

委托人：张某

委托鉴定事项：三联体亲权鉴定

委托日期：　　年　月　日

受理日期：　　年　月　日

鉴定日期：　　年　月　日　一　　年　月　日

鉴定地点：

被鉴定人：

1 号样本：张某（孩子生母），身份证号码××××××××××××××；

2 号样本：张某某（孩子），身份证号码××××××××××××××；

3 号样本：王某（被检父），身份证号码××××××××××××××。

二、基本案情

某男在为孩子办理户口手续的过程中，有关机关要求其提供与孩子亲子关系的证明。该男子（被检父）带孩子、妻子（孩子生母）到我所，提出亲权鉴定的要求，以明确自己是否为孩子的生父。

三、资料摘要

（一）张某（孩子生母）血样：标记"张某（孩子生母）"字样物证包装袋一个，内装血卡一份，血卡上见一约 0.70 cm×0.70 cm 的类圆形褐色斑迹，剪取约 0.1 cm×0.2 cm 的检材标记为××××-××××-1 号；

（二）张某某（孩子）血样：标记"张某某（孩子）"字样物证包装袋一个，内装血卡一份，血卡上见一约 0.90 cm×0.70 cm 的类椭圆形褐色斑迹，剪取约 0.1 cm×0.2 cm 的检材标记为××××-××××-2 号；

（三）王某（被检父）血样：标记"王某（被检父）"字样物证包装袋一个，内装血卡一份，血卡上见一约 0.60 cm×0.60 cm 的类圆形褐色斑迹，剪取约 0.1 cm×0.2 cm 的检材标记为××××-××××-3 号。

备注：××××-××××-1、-2 和-3 号检材的照片详见附件。

四、鉴定过程

（一）检验过程

按照《法庭科学 DNA 实验室检验规范》（GA/T 383-2014）、《亲权鉴定技术规范》（GB/T 37223-2018）进行检验分析。

1. DNA 提取：按《法庭科学 DNA 实验室检验规范》（GA/T 383-2014）中 Chelex 法依次提取××××-××××-1、-2 和-3 号样本的 DNA。

2. STR 多态性检验：取适量××××-××××-1、-2 和-3 号样本的 DNA，应用××试剂盒，经 PCR 复合扩增，用××全自动荧光分析仪进行毛细管电泳分离和基因型分析。

（二）检验结果

应用××试剂盒得到上述检材的 DNA-STR 分型结果：

遗传标记	××××-××××-1 号	××××-××××-2 号	××××-××××-3 号
D19S433	14, 16.2	13, 16.2	13, 14
D5S818	11, 13	13	9, 13
D21S11	28, 30.2	29, 30.2	29, 30
D18S51	14, 18	14, 16	16, 20
D6S1043	17	17, 18	18, 21
AMEL	X	X	X, Y
D3S1358	AA	AA	AA
D13S317	AA	AA	AA

遗传标记	××××-××××-1 号	××××-××××-2 号	××××-××××-3 号
D7S820	AA	AA	AA
D16S539	AA	AA	AA
CSF1PO	AA	AA	AA
Penta D	AA	AA	AA
D2S441	AA	AA	AA
vWA	AA	AA	AA
D8S1179	AA	AA	AA
TPOX	AA	AA	AA

五、分析说明

人类常染色体 D19S433、D5S818、D21S11、D18S51、D6S1043、D3S1358、D13S317、D7S820、D16S539、CSF1PO、Penta D、D2S441、vWA、D8S1179、TPOX 等基因座均是人类遗传标记，上述遗传标记遵循孟德尔遗传定律，联合应用可进行亲权鉴定，其累积非父排除率大于 0.9999。

上述检验结果表明，上述每一个基因座，××××-××××-3 号样本（被检父）均能提供给××××-××××-2 号样本（孩子）必需的等位基因，按照《亲权鉴定技术规范》（GB/T 37223-2018）计算亲权指数，累积亲权指数为×. ×××10$^{-××}$（大于 10 000）。

六、鉴定意见

根据上述检验结果和《亲权鉴定技术规范》（GB/T 37223-2018）判定：

在排除双胞胎和近亲的前提下，从遗传学角度支持王某（被检父）是张某某（孩子）的生物学父亲。

七、附件

被检检材电子照片。

鉴定人：（打印文本和亲笔签名）

司法鉴定人执业证证号：×××××××××××

鉴定人：（打印文本和亲笔签名）

司法鉴定人执业证证号：×××××××××××

授权签字人：（打印文本和亲笔签名）

司法鉴定人执业证证号：×××××××××××

年　月　日

附件4-2 公安机关鉴定机构检验报告示例

法庭科学 DNA 检验报告

编号：〔××××〕××××号

一、绪论

（一）委托单位：某省某市某县公安局刑侦大队

（二）送检人：张某某、徐某某

（三）受理日期： 年 月 日

（四）案（事）件情况摘要：某年某月某日，某县某镇某村发生一起盗窃案，现场勘查提取现场血痕一份、烟头一枚、可疑斑迹一份。

（五）检材和样本：

1 号检材：标记有"现场地面提取血迹"字样的物证包装袋 1 个，内装棉签 1 支，表面沾有少许褐色斑迹，剪取斑迹部分编号为××××-××××-1 号。

2 号检材：标记有"中华烟蒂"字样的物证包装袋 1 个，内装"中华"牌烟蒂 1 枚，剪取其过滤嘴边缘，编号为××××-××××-2 号。

3 号检材：标记有"现场门把手上提取可疑斑迹"字样的物证包装袋 1 个，内装棉签 1 支，表面沾有少许黑色斑迹，剪取斑迹部分编号为×××x-××××-3 号。

（六）鉴定要求：DNA 检验。

（七）检验开始日期： 年 月 日

（八）检验地点：某鉴定机构全称 DNA 实验室

二、检验

按照公共安全行业标准 GA/T 765-2020、GA/T 383-2014 进行检验分析。

（一）确证检验：取××××-××××-1 号检材适量，采用人血红蛋白检测金标试剂条法检验。

（二）DNA 提取：采用聚苯乙烯二乙烯基苯树脂法提取××××-××××-

1、-2、-3 号检材 DNA。

（三）常染色体 STR 多态性检验：取××××-××××-1、-2、-3 号检材 DNA 适量，使用××试剂盒进行 PCR 扩增，扩增产物应用××全自动荧光分析仪进行检测、分析上述检材的基因分型。

三、检验结果

（一）确证检验结果：××××-××××-1 号检材的人血红蛋白检测金标试剂条法检验结果为阳性。

（二）常染色体 STR 多态性检验结果：

基因座	D8S1179	D21S11	D7S820	CSF1PO	D3S1358	TH01	D13S317	D16S539
××××-××××-1	13, 15	29, 31.2	9, 13	X, X	X	X, X	X, X	X
××××-××××-2	12, 14	30, 31	10, 12	X	X	X	X	X, X

基因座	D2S1338	D19S433	vWA	TPOX	D18S51	D5S818	FGA	Amel
××××-××××-1	X, X	X, X	X	X	X, X	X, X	X	X
××××-××××-2	X, X	X, X	X, X	X, X	X, X	X, X	–	X/Y

××××-××××-3 号检材未获得常染色体 STR 多态性检验结果。

××××-××××-1 号检材与××××-××××-2 号检材的 STR 多态性检验结果不相同/不一致。

附件：鉴定机构资格证书复印件

鉴定人资格证书复印件

鉴　定　人：主检法医师　姓名（签字）

副主任法医师　姓名（签字）

授权签字人：主任法医师　姓名（签字）

年　月　日

附件4-3　公安机关鉴定机构鉴定书示例

法庭科学 DNA 鉴定书

编号：〔××××〕××××号

一、绪论

（一）委托单位：某省某市某县公安局刑侦大队

（二）送检人：张某某、徐某某

（三）受理日期：　　年　月　日

（四）案（事）件情况摘要：某年某月某日，某县某镇某村张某（女，×岁）被人强奸。

（五）检材和样本：

1号检材：标记有"擦拭精液的卫生纸"字样的物证包装袋1个，内装卫生纸1块，其表面可见少量可疑斑迹，剪取可疑斑迹适量，编号为××××-××××-1号。

2号检材：标记有"现场床上提取毛发"字样的物证包装袋1个，内装毛发1份，剪取其中1根末端，编号为××××-××××-2号。

3号检材：标记有"犯罪嫌疑人李某血样"字样的牛皮纸物证包装袋1个，内装FTA血卡片1份，剪取适量，编号为××××-××××-3号。备注：李某身份证号为：××××××××××××××××××。

4号检材：标记有"受害人张某血样"字样的牛皮纸物证包装袋1个，内装FTA血卡片1份，剪取适量，编号为××××-××××-4号。备注：张某身份证号为：××××××××××××××××××。

（六）鉴定要求：DNA检验

（七）检验开始日期：　　年　月　日

（八）检验地点：鉴定机构全称DNA实验室

二、检验

（一）检验过程

按照公共安全行业标准 GA/T 766-2020、GA/T 383-2014 进行检验分析。

1. 确证检验：取××××-××××-1 号检材适量，采用人精液 PSA 检测金标试剂条法检验。取××××-××××-1 号检材适量，采用精子检出法检验。

2. DNA 提取：采用两步分离的方法分离××××-××××-1 号检材，第一步消化后取上清溶液编为××××-××××-1SQ 号，取沉淀编为××××-×××-1CD 号。采用聚苯乙烯二乙烯基苯树脂法提取××××-××××-2、3、-4 号检材 DNA。

3. 常染色体 STR 多态性检验：取××××-××××-1SQ、-1CD、××××-××××-2、3、-4 号检材 DNA 适量，使用×× 试剂盒进行 PCR 扩增，扩增产物应用×× 全自动荧光分析仪进行检测，按照公共安全行业标准 GA/T 1163-2014 分析上述检材的基因分型。

（二）检验结果

1. 确证检验结果：××××-××××-1 号检材的人精液 PSA 检测金标试剂条法检验结果为阳性。××××-××××-1 号检材的精子检出法检验结果为镜下检见精子。

2. 常染色体 STR 多态性检验结果：

基因座	D8S1179	D21S11	D7S820	CSF1PO	D3S1358	TH01	D13S317	D16S539
××××-××××-1SQ	13, 15	29, 31.2	9, 13	X, X	X	X, X	X, X	X
××××-××××-1CD	12, 14	30, 31	10, 12	X	X	X	X	X, X
××××-××××-3	12, 14	30, 31	10, 12	X	X	X	X	X, X
××××-××××-4	13, 15	29, 31.2	9, 13	X, X	X	X, X	X, X	X

基因座	D2S1338	D19S433	vWA	TPOX	D18S51	D5S818	FGA	Amel
××××-××××-1SQ	X, X	X, X	X	X	X, X	X, X	X	X
××××-××××-1CD	X, X	X, X	X, X	X, X	X, X	X, X	–	X/Y
××××-××××-3	X, X	X, X	X, X	X, X	X, X	X, X	–	X/Y
××××-××××-4	X, X	X, X	X	X	X, X	X, X	X	X

××××-××××-2 号检材未获得常染色体 STR 多态性检验结果。

三、论证

本次鉴定选择的 D8S1179、D21S11、D7S820、CSF1PO、D3S1358、TH01、D13S317、D16S539、D2S1338、D19S433、vWA、TPOX、D18S51、D5S818、FGA 等 STR 基因座均是独立且按照孟德尔规律遗传的遗传标记，其累积个人识别能力（TDP）为 $1-×.×××\times10^{-××}$，其累积非父排除率（三联体）为 $0.99999××$/其累积非父排除率（二联体）为 $0.999××$，联合应用可以进行个体识别及亲权鉴定。

个体识别的证据强度一般依据似然率（LR）来判定。大于 1 支持现场物证上 DNA 来源于嫌疑人的假设，小于 1 则支持现场物证上 DNA 来源于无关个体的假设。LR 值越大，越支持现场物证上 DNA 来源于嫌疑人的假设。

××××-××××-1CD 号检材与××××-××××-3 号检材在 D8S1179 等 14 个基因座基因型相同，采用中国人群 STR 群体数据资料，按照《个体识别技术规范》（SF/Z JD0105012-2018）进行统计学计算，似然率为 $×.××\times10^{-××}$，即××××-××××-1CD 号检材上 DNA 来源于××××-××××-3 号检材所属个体所留的可能性是来源于无关个体所留可能性的 $×.×××\times10^{-××}$ 倍。

××××-××××-1SQ 号检材与××××-××××-4 号检材在 D8S1179 等 15 个基因座基因型相同，采用中国人群 STR 群体数据资料，按照《个体识别技术规范》（SF/Z JD0105012-2018）进行统计学计算，似然率为 $×.×××\times10^{-××}$，即××××-××××-1SQ 号检材上 DNA 来源于××××-××××-4

号检材所属个体所留的可能性是来源于无关个体所留可能性的
x.×××10^{-xx}倍。

四、鉴定意见

（一）送检的卫生纸（××××–××××–1 号）上可疑斑迹中检出精子，
其 DNA 与李某的血样在 D8S1179 等 14 个基因座基因型相同，其似然率
为x.×××10^{-xx}。

（二）送检的卫生纸（××××–××××–1 号）上可疑斑迹中女性成分的
DNA 与张某的血样在 D8S1179 等 15 个基因座基因型相同，其似然率
为x.×××10^{-xx}。

（三）送检的现场床上提取毛发（××××–××××–2 号），未检出人
DNA/基因型/STR 分型。

附件：鉴定机构资格证书复印件

鉴定人资格证书复印件

鉴　定　人：主检法医师　姓名（签字）

副主任法医师　姓名（签字）

授权签字人：主任法医师　姓名（签字）

年　月　日

附件4-4　法医物证鉴定的政策及技术规范

法医物证鉴定的政策及技术规范。

一、现行有效的法规

1.《司法鉴定程序通则》（司法部令第 132 号）

2.《司法部关于印发司法鉴定文书格式的通知》（司发通〔2016〕112 号）

3.《公安机关鉴定规则》（公通字〔2017〕6 号）

二、现行有效的技术标准或规范

（一）国家标准

1.《法庭科学 DNA 数据库建设规范》（GB/T 21679-2008）

2.《亲权鉴定技术规范》（GB/T 37223-2018）

3.《法庭科学人类荧光标记 STR 复合扩增检测试剂质量基本要求》（GB/T 37226-2018）

4.《法庭科学 DNA 数据库选用的基因座及其数据结构》（GB/T 41009-2021）

5.《法庭科学 DNA 鉴定文书内容及格式》（GB/T 41021-2021）

6.《法庭科学 DNA 数据库中生物检材和被采样人信息项及其数据结构》（GB/T 41615-2022）

7.《DNA 检验用产品人源性污染防控规范》（GB/T 41844-2022）

（二）公共安全行业标准

1.《法庭科学 DNA 实验室建设规范》（GA/T 382-2014）

2.《法庭科学 DNA 实验室检验规范》（GA/T 383-2014）

3.《法庭科学 DNA 数据库选用的基因座及其数据结构》（GA 469-2004）

4.《法庭科学 DNA 数据库现场生物样品和被采样人信息项及其数据结构》（GA 470-2004）

5.《人血红蛋白金标检验试剂条》（GA 476-2004）

6. 《人前列腺特异性抗原（PSA）金标检验试纸条》（GA/T 477-2021）

7. 《人血红蛋白检测金标试剂条法》（GA/T 765-2020）

8. 《人精液 PSA 检测金标试剂条法》（GA/T 766-2020）

9. 《法庭科学 DNA 亲子鉴定规范》（GA/T 965-2011）

10. 《常见毒品原植物的 DNA 提取 二氧化硅法》（GA/T 1160-2014）

11. 《法庭科学 DNA 检验鉴定文书内容及格式》（GA/T 1161-2014）

12. 《法医生物检材的提取、保存、送检规范》（GA/T 1162-2014）

13. 《人类 DNA 荧光标记 STR 分型结果的分析及应用》（GA/T 1163-2014）

14. 《法庭科学 复合 SNPs 检验族群推断方法》（GA/T 1377-2018）

15. 《法庭科学 STR 已知分型参照物质技术要求》（GA/T 1378-2018）

16. 《法庭科学 DNA 磁珠纯化试剂质量基本要求》（GA/T 1379-2018）

17. 《法庭科学 DNA 数据库人员样本采集规范》（GA/T 1380-2018）

18. 《法庭科学 DNA 二代测序检验规范》（GA/T 1693-2020）

19. 《序列多态 STR 等位基因命名规则》（GA/T 1694-2020）

20. 《法庭科学 犬 DNA 实验室检验规范》（GA/T 1703-2019）

21. 《法庭科学 DNA 实验室质量控制规范》（GA/T 1704-2019）

22. 《法庭科学 生物样本自动分拣方法》（GA/T 1705-2019）

23. 《法庭科学 生物样本自动分拣设备通用技术要求》（GA/T 1706-2019）

24. 《法庭科学 大麻性别基因特异片段检测 毛细管电泳荧光检测法》（GA/T 1962-2021）

25. 《法庭科学 罂粟种属 SSR 标记检测 毛细管电泳荧光检测法》（GA/T 1963-2021）

26.《法庭科学 家猪 STR 复合扩增检验 毛细管电泳荧光检测法》（GA/T 1964-2021）

27.《法庭科学 硅藻 rbcL 基因特异片段检测 毛细管电泳荧光检测法》（GA/T 1965-2021）

28.《法庭科学 X-STR 检验技术方法》（GA/T 1978-2022）

29.《法庭科学 线粒体 DNA 二代测序技术规范》（GA/T 1979-2022）

30.《法庭科学 人类唾液/口腔细胞样本采集存储卡质量基本要求》（GA/T 1997-2022）

（三）司法行政行业标准

1.《法医物证鉴定实验室管理规范》（SF/T 0069-2020）

2.《染色体遗传标记高通量测序与法医学应用规范》（SF/T 0070-2020）

3.《生物学全同胞关系鉴定技术规范》（SF/T 0117-2021）

（四）司法鉴定技术规范

1.《法医 SNP 分型与应用规范》（SF/Z JD0105003-2015）

2.《亲子鉴定文书规范》（SF/Z JD0105004-2015）

3.《生物学祖孙关系鉴定规范》（SF/Z JD0105005-2015）

4.《法医物证鉴定 X-STR 检验规范》（SF/Z JD0105006-2018）

5.《法医物证鉴定 Y-STR 检验规范》（SF/Z JD0105007-2018）

6.《法医物证鉴定线粒体 DNA 检验规范》（SF/Z JD0105008-2018）

7.《法医物证鉴定标准品 DNA 使用与管理规范》（SF/Z JD0105009-2018）

8.《常染色体 STR 基因座的法医学参数计算规范》（SF/Z JD0105010-2018）

9.《法医学 STR 基因座命名规范》（SF/Z JD0105011-2018）

10.《个体识别技术规范》（SF/Z JD0105012-2018）

第五章　准绳问题心理测试
　　　　分析意见书

第一节　准绳问题心理测试概论

　　广义的心理测试是指根据相关心理学的理论方法，使用一定的操作流程，对被测试人员的行为进行数据量化的方法。为了和广义的心理测试进行区分，我们在"心理测试"前加入"犯罪"二字，特指应用于公检法司系统中的，针对犯罪嫌疑人员进行的谎言识别测试以及案件情节中隐蔽信息的探索测试。其具体指向刑事案件相关人员呈现言语或视觉刺激，诱发刑事案件相关人员产生一定的心理反应，引起刑事案件相关人员生理活动的变化。通常使用多道心理检测仪记录刑事案件相关人员的生理反应，并根据一定原则测量分析这些生理反应，确定生理反应的特异性，并根据心理生理学原理，确定刑事案件的相关人员是否具有犯罪记忆。在司法系统中，我们利用心理测试仪对一起案件所涉及的当事人、证人、嫌疑人进行测试，用来判断他们在案件相关问题上是否存在撒谎情节或者检测其是否撒谎，自 20 世纪 90 年代至 21 世纪初，民间有时也俗称"测谎"。由于可以在各类刑事案件、民事案件、反贪案件、国内安全反恐案件中发挥巨大作用，目前犯罪心理测试已经得到广泛的应用。

　　目前，公检法司系统、国安、军队等部门已经广泛采用多道心理测试仪，操作和实施犯罪心理测试。多道心理测试仪是指能检测个体生理指标状况的仪器设备，因为它可以同时记录多项人体生理指标变化的情况，所以称为"多道"或者"多导"，是心理测试技术过程实施的工具。

其商品名称有很多，如"测谎仪（器）""心理压力评估仪（器）""试诚仪（器）""心理生理测试仪（器）""心理生理分析仪（器）"等。若这类能检测人体生理指标状况的仪器设备用于探查个体的心理信息，原则上都属于本概念范围，即本概念不以名称而以功能为判断依据。最常见的是能同时记录下诸如呼吸、心率、脉搏、排汗、皮肤电反应等各种生理指标的信息资料（早期常呈现于移动的记录纸上，现在则通过计算机实时储存）的多通道记录器，目前仍被广泛地运用于公安、检察、国安的相关测试工作以及心理生理实验之中。

西方国家从 19 世纪就已经开始了谎言检验的探索，距今已有百年时间，当时提出的概念为"测谎"。而该技术真正进入我国仅有 40 年左右的时间，地区发展的不均衡性和从业人员素质的参差不齐，在一定程度上影响了该技术的发展。受到西方发达国家，主要是美国的影响，该技术初期被人们称作"测谎术"。不过随着该技术研究的不断深入，专家学者们已经不满足于对已知信息的检验，近 20 年，有学者提出了"犯罪心理测试""信息探查"等概念，主要目的则在于探索一部分未知信息。相信随着对该技术的不断深入研究，能够涌现出更多更好的测试方法。

多道心理测试技术所使用的测试方式主要有准绳问题测试（control question test or comparison question test，CQT）和犯罪情节测试（guilty knowledge test，GKT）两种。其中，准绳问题测试又称为比较问题测试，是对一类犯罪心理测试问题编排方式的总称，是通过比较被测人回答准绳问题和相关问题之后所产生的生理心理反应之间的差异，来判断该名被测人是否对相关问题存在异常的心理压力。

而犯罪情节测试则是另一类型的犯罪心理测试问题编排方式。从理论上讲，一起犯罪的细节只有真正的犯罪嫌疑人知道，办理该起案件的警方人员可以通过现场勘查和逻辑推理知晓，除此以外，其他人员应该是不会知道的。当然，由于当前信息技术的发展，人们可以通过电视、网络、社交沟通等多个渠道去了解一件事情，想要做到完全保密，可能性几乎为零，尤其是一些刑事、民事案件的细节，更是人们茶余饭后的谈资。尽管如此，笔者在办案实践中发现，外人所了解到的案件细节，基本还是停留在外围情况以及部分案件细节，对于更深一层的详细信息，由于采取了保密措施，很难被外人知晓。比如，一起杀人案，该案件发生的时间、地点，死者的姓名、身份，甚至凶手的作案动机，凶手是谁都有可能被一些"民间刑侦专家"了解并分析出来，然而在案发现场尸体停留的房间是哪一个，消失的凶器到什么地方去了，尸体的致命损伤在什么部位等隐秘信息，就不太可能为外人知晓了。犯罪情节测试就是利用这一部分更深层的信息，设计问题，提供选项，测试被测人，判断其是否在相关问题上存在异常的生理反应。

两种测试方法各有利弊，并且在国内和西方发达国家均有广泛的应用。本书注重对准绳问题测试的规范化测前谈话结构、设计准绳问题和相关问题、准绳问题测试意见书几个方面进行重点介绍，为国内犯罪心理测试技术的发展提供一些素材。在我国公安系统中，刑事技术，比如法医、痕迹、指纹、视频监控等，其主要作用一是为犯罪侦查活动提供服务，指明方向；二是在于提供审判所需的证据。而目前犯罪心理测试技术仅仅作为一种侦查手段，用于筛选认定嫌疑人，排除无辜者，判断证人证言真伪。

目前由于该技术不完善和地区发展不均衡，法学界和司法实践中均采用"有限采用规则"或"部分可采信规则"。近十年来，犯罪心理测试意见和结论已经逐渐更多地参与到司法实践活动中，并且其中部分结论被直接引用于法庭的判决书中，成为证据链的有力补充。

任何一项技术都经历了从无到有，从不完善到完善，从无法作为证据到能够作为证据的历程。笔者志在通过自己的研究和介绍，为犯罪心理测试技术在国内的发展做出自己的贡献。

因本部分内容涉及较多专业词汇及其英文翻译和英文缩略词，笔者将其整理后，以附件形式附在文末（见附件5-4英文缩略词表）。

第二节　多道心理测试技术在司法领域的应用

国外专家学者对于谎言的研究起步较早。1895年，意大利犯罪学家龙勃罗梭（Cesare Lombroso）就进行了这方面的尝试，至今已经有120余年的历史了。而该技术在我国的研究一直处于停滞阶段，直到1980年，公安部会同北京市公安局组织刑事科学技术考察团奔赴日本考察，并认为多道心理测试技术是具有科学依据的，是能够为刑事侦查破案提供帮助的，这才为该技术在我国的发展打开了一扇窗。决定首先在北京市公安局试点该技术，如果确能在办案实践中发挥作用，再逐渐在国内大中城市铺开。

1991年，由中国科学院、公安部、北京市公安局共同自主研制开发的首台多道心理测试仪问世，这也标志着我国对该技术的研究闯出了一条自己的路子。但是，也应该看到，尽管我们能够使用西方发达国家更高精度的仪器设备，学习他们的测试方法、评分规则，但是多道心理测试技术在我国的发展其实是从20世纪八九十年代才真正开始的，技术尚需完善。在40多年的发展历程中，该技术取得了长足进步，并且越来越广泛应用到司法实践中。

比如，在2014年10月发生的一起盗窃他人银行账户资金案当中，由于涉案金额巨大，检察机关出于慎重考虑，申请对关键当事人证人进行多道心理测试，以明确案情。该分析意见也在最终的法院刑事判决书中被全文引用。

比如，2018 年 11 月，有群众报警称，在城区某社区的 9 辆车和一街之隔的某铺面门口的 5 辆车，被人为纵火烧毁。根据天网监控录像以及罪犯在作案后的行动轨迹，警方锁定了该案的犯罪嫌疑人冷某。随后，警方针对冷某进行了准绳问题心理测试。该分析意见也在最终的法院刑事判决书中被全文引用。

这样的案例还有很多。可以看到，犯罪心理测试技术在近年来的司法实践活动中，逐渐从探索走向应用，从实验室走向人们的生活。我们也相信，今后犯罪心理测试技术会更多地服务于侦查破案以及法院的判决工作。下面就一份实际案例中的犯罪心理测试意见书进行详细介绍。

第三节　准绳问题心理测试分析意见书的内容

一份完整的准绳问题心理测试分析意见书主要由四个部分组成，即封面、测试分析报告、测试图谱、鉴定机构和鉴定人资质复印件。该分析意见书一式两份，一份交由委托单位，一份由鉴定机构存档。其中最为重要的两个部分是测试分析报告和测试图谱。接下来，笔者将对每个部分进行逐一讲述。

一、封面

准绳问题心理测试分析意见书的封面通常较为简单，其主要作用在于向人们介绍该份分析意见书的种类，并保护内页的案件以及被测人信息。有部分鉴定机构会将自己机构的名称也展示于封面之上。

二、心理测试分析意见书

心理测试分析意见书包括以下要素（见附件5-1 心理测试分析意见书）：

（一）绪论

绪论中应该包括以下几个部分的内容：委托单位、送检人员、受理日期、案情摘要、被测人情况、测试要求、测试日期、测试地点。该部分的主要目的是介绍本次准绳问题心理测试的背景资料，让阅读这份报告的人能够对本次测试有一个总体上的了解。

1. 委托单位

委托单位是指向鉴定机构提出本次准绳问题心理测试的单位或者部门，包括公检法司、国安、军队等单位的业务部门，以及企业、社会团体，如保险公司等。

委托单位在提出委托申请时，需要填写该鉴定机构的登记审批表（委托书）（见附件5-2 犯罪心理测试审批表）。

值得注意的是，"委托单位"填写的内容应当与"委托单位领导审批意见"处所盖公章的内容一致。"委托人"要求填写两名正式工作人员的姓名。假如是公安系统内部委托，委托人必须填写两名正式民警的姓名，不能填写辅警、文职等工作人员的姓名。

注意事项注明在本次测试之前，委托单位需要注意的内容和配合鉴定机构进行的工作，比如不得对证人、被害人、精神和智力有缺陷的人以及未成年人进行测试。根据中华人民共和国公共安全行业标准《多道心理测试通用技术规程》（GA/T 2002-2022）的规定，不应对精神病人、孕妇等进行测试。精神病人可以考虑在其病情治疗平稳、精神情绪状态稳定时进行测试。孕妇可以考虑在其分娩之后测试。而对于未成年人的测试要求，近年来也有所变化。根据《多道心理测试通用技术规程》

（GA/T 2002-2022）第 4.1.4 条之规定："被测人不满十六周岁的，不应进行测试；已满十六周岁不满十八周岁的，经本人和法定监护人书面同意，可进行测试……"在实践操作中，如果出现需要未成年人配合的犯罪心理测试，首先会征求未成年人本人及其监护人的意见，必须在二者都认可的情况下，才能开展测试，并且会邀请监护人到场监督整个测试过程。

2. 送检人员和受理日期

测试分析意见书中的送检人员和受理日期，根据委托单位填写的登记审批表封面进行填写。其内容应分别与"委托人"和"委托时间"一致。

3. 案情摘要

该部分主要介绍与本次测试有关的案件情况，包括案件四项基本要素：时间、地点、人物、事件。进行案情摘要描述时，尤其是涉及案件性质时，应注意客观描述，尽量还原案件的客观情况。比如在一起疑似强奸案中，案情描述避免"张三强奸了李四"，而应表述为"张三和李四发生了性行为"。比如杀人案中，由于案件还处于侦查阶段，犯罪嫌疑人的认定还不确切，应避免表述为"群众报案称，张三杀害了李四"，而应表述为"群众报案称，李四被他人杀害"。

4. 被测人基本情况

被测人基本情况主要介绍被测人的姓名、性别、民族，以及身份证号。其中由于身份证号是被测人区别于其他人员的唯一号码，务必准确。

对于该部分资料的收集，笔者所在单位的犯罪心理测试团队创造性地使用了系统化的"测谎信息表格"，在信息采集方面力求做到以最短的时间采集最全面的信息。被测人基本情况主要包含两方面的内容，即生理情况和心理情况。生理情况主要涵盖了被测人的个人基本信息、工作经历、近期的身体健康程度、重大疾病传染病史等信息。根据《多道心理测试通用技术规程》（GA/T 2002-2022）第4.1.2条和第4.1.3条之规定：对患有慢性疾病、精神科疾病，饥饿寒冷受伤，醉酒吸食毒品，怀孕妇女等不适合测试的人，不能进行测试。

被测人心理情况主要包括以下三方面：第一，受教育程度。这直接决定了测试人员以什么样的谈话形式介绍心理测试，受教育程度高的，可以解释得更为专业一些，而受教育程度较低的，则需要尽量通俗一点，更贴近老百姓的生活。第二，成长史。众所周知，家庭环境以及父母对于子女的管教方式，对于一个人性格的养成至关重要。俗话说：小时偷针，大了偷金。如果一个人小时候行为端正，或者出现行为不端的情况家长及时发现，防微杜渐，那么他长大成人走上工作岗位之后，也多半能够踏踏实实做事，堂堂正正做人。但如果一个人小时候出现行为不端的情况，家长要么暴力打骂虐待，让孩子产生强烈的逆反心理，要么不管不问，甚至听之任之，有些还用"他还只是个孩子"等来搪塞，那么很有可能这个人小时候的点滴行为，在长大成人之后会被逐渐放大，发展成为真正的犯罪行为。心理学家很早就研究发现，暴力打骂或者缺失管教，常常使孩子形成暴力人格障碍，比如反社会人格障碍，偏执性人格障碍，同时这也是犯罪人群的高发人格特征。第三，情感史。笔者会询问被测人平时有什么业余爱好，最尊敬的人是谁，最讨厌的人是谁。情感上的严重伤害，可能会导致行为人性情大变，有时甚至就是作案动机。笔者在十余年的办案实践中发现，因爱生恨，激情杀人而引发命案的，早已屡见不鲜。

一名被测人填写一张测谎信息表格，正面为该被测人的基本信息，背面则是该名被测人进行多道心理测试后的评分情况。这样不仅便于对资料进行归档和收集，而且无论经过多长时间，办案人员再次找到这份资料时，都能够全面准确地了解该名被测人的基本情况以及分析意见，进一步回忆起整个案件细节，提高查档效率。

对于经验丰富的主测人员来说，在填写测谎信息表格时，就可以从情感上去"触摸"被测人。从以上内容我们可以看出，就所收集的，基本资料和案件没有直接关联，被测人对此没什么压力，完全能够在轻松和谐的氛围中回答问题，这样就能缓解其最初的紧张情绪。而且在问及身体健康情况和情感经历时，被测人更愿意将其理解为"这一部分的问题是在关心我们"，基本上知无不言，言无不尽。当然，有一部分被测人性格比较内敛，不太爱说话，也会在这一部分有所体现，当被问及身体和情感问题时，惜字如金，仅回答完问题，就不愿意多谈论其他内容了。主测人员更应当关注那些回答测谎信息表格和讨论案件细节情况之间，说话风格出现明显转变的被测人。比如，在只回答测谎信息表格的问题时，说话滔滔不绝，似乎上知天文下知地理，无所不谈，而当谈话内容一转入具体案件情况时，立刻惜字如金，只回答"我不知道""我不记得了"等，这一类被测人便是在侦查办案中非常值得关注的一类人。

5. 测试要求

每一起案件测试前，委托单位都需要带上案件的卷宗材料，包括案件的现场勘查结果、被害人或者尸体的检验结果、犯罪嫌疑人以及案件当事人证人的笔录等，前往鉴定机构介绍案情。

在介绍案情的过程中，委托单位会向鉴定机构阐述自己的委托诉求，或者希望解决的问题。鉴定机构结合自己能够测试的项目，与委托单位共同协商测试问题。在实际办案中，委托单位通常希望能够测试的问题越多越好，甚至有委托单位提出："我们想看看嫌疑人所描述的内容是不是都是实话。"这样的要求肯定是无法实现的。

在准绳问题心理测试中，我们通常会将测试问题设计为最能影响案件性质的问题。

下面为测试问题示例：

比如，2020 年 7 月，某城区发生的一起疑似强奸案中，黄某报案称，当晚她和李某因为参加聚会时间太晚，自己喝了很多酒，随后被李某带回他的公司，在公司的办公室内，李某将自己强奸。关于整个案件情况，黄某是这样描述的：我和李某只是工作关系。当晚我去参加一个饭局，席间有很多人，有公司老板，有客户，李某也在场。吃饭期间我就喝了很多酒，红酒和白酒，我也不记得具体喝了多少，但是吃饭的时候我就喝得有点醉。吃完饭之后，我们很多人又去唱歌，在 KTV 包间又喝了很多酒，那时我喝吐了，而且吐了两次。这期间一直是李某在照顾我。唱歌结束之后，我完全喝醉了，不清醒，我也不知道李某把我带到了什么地方，只知道是一个房间里。他就开始脱我的衣服，我不想让他脱我的衣服，就把衣服一直压在身体下面，但是我那时已经没有力气了，完全反抗不了。后来，他便和我发生了性行为。第二天我稍微清醒一些，就发微信质问他："你怎么能够这么对待我?!""我对你很失望!"等。

然而对于细节的描述，李某则与黄某有着诸多不同：我和黄某是男女朋友关系，我们是在之前一个项目工作中认识的。没过多久就确立了男女朋友关系，我们也经常约着出去看电影和吃饭。那天晚上吃饭有很多人，席间喝了很多白酒和红酒，吃完饭之后我们又去唱歌也喝了酒。我女朋友（黄某）喝醉还吐了，后来唱歌的时候状态就很差。我就问她："等会儿你去我那儿（工作室）吧。"她同意了。我们打了个车，车上全程她没有睁眼，头靠在我的身上，下车后她也有点走不动路，是我扶着她走进小区。回到我的工作室之后，我就开始脱她的衣服，她都很配合，完全没有反抗和拒绝的行为。我们发生了性行为之后便睡了。后来睡到凌晨四五点钟，我们又发生了一次性行为。我觉得她完全是自愿的。

由于该案件中细节众多，委托单位希望解决的问题也比较广泛。他们希望了解："当晚黄某是否处于醉酒状态?""回到工作室之后，是否是李某脱掉了黄某的衣服?""脱衣服的过程中，黄某是否进行了反抗，或者有拒绝的言语?""发生性行为之后，双方是否讨论经济赔偿?"等，因为随着这些细节问题的解决，案件的脉络和结构能够基本清晰的梳理出来。然而，准绳问题心理测试中，测试人员主要关注的是被测人精神压力最大的那一个问题。其他琐碎的细节需要侦查人员抽丝剥茧。

根据我国刑法修正案对强奸罪的定义，"违背妇女的意愿，采用暴力、威胁、伤害或其他手段，强迫妇女进行性行为从而构成的犯罪"。考虑到在该案件中，当事双方对于性行为的发生，均是认同的。矛盾点在于"是否受到强迫"，因此，主测人员提出，我们测试的问题应更多地关注，在发生性行为之前和性行为整个过程中，黄某是否受到强迫，李某是否采取了言语上、行为上的威胁或伤害手段。经过与委托单位的协商后，最终将测试相关问题确定为以下三个问题："你和黄某发生性关系的时候，她有任何拒绝的言行吗？""黄某用言行拒绝和你发生性关系吗？""黄某有任何拒绝和你发生性关系的言行吗？"经过此次测试后，主测人员得到分析意见，李某与黄某发生性行为的过程中，黄某明确出现了拒绝发生性行为的言语和行为，并且这种拒绝的言行也被李某感知到，即"强迫"的说法成立。当得知这一分析意见后，李某主动交代了当晚的犯罪事实。

从该起强奸案的准绳问题心理测试中，我们可以看到，测试采用的三个问题关注的主题是一致的，仅仅是在表述方式上略有区别，三个问题的指向性均是，在发生性关系的过程中，是否出现过拒绝的言语和行为。这也是该技术的特点之一，其测试的问题是被测人最关注的，并且是与认定案件性质关系最大的问题。因此，在委托的过程中，测试人员就需要和办案单位讨论，从他们众多的测试要求中，提炼出最能解决案件问题的关键点。

6. 测试日期和测试地点

测试日期可以和受理日期是同一天，或者在受理日期之后。不可能出现先测试，后受理的情况，这也是不符合鉴定程序。

对于测试地点的选择，则分为两种情况。一种是委托单位市内城区，距离鉴定机构较近，交通便利。在这种情况下，通常会让被测人前往鉴定机构的心理测试实验室进行测试。心理测试实验室一般是依照公安部行业标准《多道心理测试实验室建设规范》（GA/T 1780-2021）设计建造的，能最大限度地避免环境、仪器的影响，保证测试质量。第二种是委托单位，距离鉴定机构较远。考虑到路程问题，以及运送被测人时的安全问题，主测人员会前往当地进行测试，此时选择测试地点就需要因地制宜。不过总体原则依旧是按照公安部行业标准《多道心理测试实验室建设规范》（GA/T 1780-2021）中"5 环境与设施"的要求，选择环境安静、通风透光、面积适中的办公室或者酒店房间。

需要着重说明的是，在第二种情况下，委托单位会安排办案区内的审讯室作为测试地点，因为那里确实非常安静，几乎不会受到任何干扰。但对于准绳问题心理测试来讲，不建议安排在审讯室，因为审讯室不通风，不透光。被测人心理会感到压抑，会因为环境不适应而出现不属于测试问题的其他情绪以及生理反应。并且在审讯室内，被测人坐在讯问椅或者审讯椅上，会让被测人出现被默认为犯罪嫌疑人的心理暗示，不利于以平和稳定的心态完成测试。

（二）测试

测试部分中应该包括以下四个部分的内容：测试仪器、测试方法、相关问题、测试结果。该部分是整个测试报告的核心内容，涉及委托单位最关注的能够影响案件性质的相关问题，以及对于该问题被测人是否具有撒谎情节。

1. 测试仪器

不同公司、不同型号的测试仪器在收集的被测人生理反应类型、内容和敏感度方面以及测试图谱的表现力方面，都会出现差异。测试分析意见书后面会附上被测人的测试图谱，而采用什么类型的测试仪器就能够得到什么类型的测试图谱。

目前笔者所在单位的心理测试团队主要收集被测人的三项生理指标：呼吸反应、皮肤电反应和血压反应。国内开展测试的主要单位和部门还会收集其他一些生理反应，比如血氧饱和度、脉搏反应、瞳孔反应、脑电反应等。其实我们团队在收集上述三项生理指标的同时，还会收集皮温反应和血氧饱和度指标，只是在测试图谱中不会反映出来。

2. 测试方法

该部分会涉及整个测试技术中最关键的两个环节：一是解释测试原理，二是提出相关问题，开发准绳问题。

（1）解释测试原理。

这一部分中，主测人首先会询问被测人是否了解心理测试，了解多少。有一小部分受测对象在知道自己将进行测试后，会主动查阅资料了解这门技术。如果他们对该技术的原理有一定的了解和认识并能说出来，那么有助于强化他们对技术原理的认识，有利于他们接受这门技术。

当然，对于大多数人来讲，多道心理测试毕竟不同于其他诸如指纹、模糊图像处理、法医物证等刑事技术，它进入国内的时间比较短，还不大为国人了解，普通人只能通过电视、网络对这门技术有一些粗浅的了解。被测人如果能够融入心理测试环境，懂得如何使用仪器装置，就能知道他思考的内容，并最终能判断其是否说谎。

针对不同受教育程度和社会阅历的被测人，对原理的解释是有区别的。对于知识丰富、理解能力强的被测人，解释会深入一些，如解释人类的交感神经和副交感神经的相互作用，检测时心跳、血压、皮肤电在交感神经支配下发生的变化，激素的作用。这几项指标均是人们无法自我控制的，依据这些指标能得出相对客观的结论。对于教育程度较低的被测人，对原理的解释就会更浅显一些，会基于其日常生活举出一些检测检验的例子，让他们能够直观地了解该项检测技术。

下面为解释测试原理时，主测人员对被测的引导示例：

你可能会觉得奇怪，我自己所想的内容，就凭你们这里的几根电线，几根导管就能够知道？的确是这样，因为人们的心理状态与生理外在表现是息息相关的。我们通过你的一些医学指标的变化，比如呼吸、心跳、血压、皮肤出汗情况等，就能够把你思考的内容提炼出来。你应该会有所体会，小时候当撒谎时，你的父母一眼就能看出来，为什么？因为你肯定会有一些不一样的表现，脸红筋胀啊，说话结结巴巴啊，面红耳赤啊，等等。这就说明你的外在的生理表现暴露了你的内心想法。

你应该也会有所体会，自己说实话的时候和撒谎的时候，内心体验是完全不同的。说得直白一些，说谎话的时候，心里是发虚的，觉得没底气。而说实话的时候，心里是踏踏实实、坦坦荡荡的。测谎仪就可以从这些细小的区别当中找到蛛丝马迹再经过电脑分析，从而判断你是在说谎还是说实话。这就如同你去医院做检查，抽血，量体温，经过检测仪或者体温计的测量，医生就会告诉你你是否生病了，严重程度如何，非常简便直观。只不过医院使用的是医学仪器，我们使用的是测谎仪。

人在撒谎的时候，会反射性地调动内分泌系统，引起肾上腺素分泌增加，心跳加速，血压升高，神经反射活动增强。而且我们所检测的心跳、血压、皮肤电等指标，均受人体自主神经控制。也就是说，人没办法控制自己每分钟心跳多少次，血压升高或者降低，皮肤出汗量的多少，这些都是由交感神经控制的。因此，如果你是无辜者，你可以完全放松，完全相信这门技术可以还你清白；而假如你是真正的罪犯，我倒劝你不要再接受测试了，因为一旦你没有通过测试，就会多一份你有罪的证据。

这部分原理解释得如此详细，就是为了用科学理论去影响被测人。如果被测人是一名无辜者，并且了解到这是一门非常科学而先进的技术手段，那么他会信任测试人员和这门技术，从而放松下来。如果被测人是一个真正的罪犯，那么在测试还未开始的时候就可以震慑住他，让他为即将来临的测试而紧张不安。国内报道有相关案例，当测试进行到这一部分，有罪被测人就已经主动坦白认罪，解释测试原理的重要性可见一斑。

（2）提出相关问题，开发准绳问题。

①提出相关问题。

相关问题（relative question 或 relevant question）的提出并不复杂。在被测人陈述完案件情况之后，测试人就可以直接询问，比如杀人案中"是你杀害了某人吗？""你参与了某人被害一案吗？"，盗窃案中"拿走柜子里财物的人是你吗？""你参与了钻石丢失一案吗？"，然后让被测人做出简单明确的"是"或"否"的回答。直接询问的好处在于可以简化测试过程，更重要的是紧密围绕一次测试主题，可以避免测试双方在测前谈话中逐渐偏离本次测试的主题。另外，直接询问还能对真正的犯罪者产生震慑，而对于无辜者则能让他放松下来，毕竟贪婪、残忍等是人性的弱点。笔者分析自从事刑侦工作以来所接触的各类刑事案件当事人发现，每个人或多或少均有一些"不足为外人道也"的事情，当面对警方的问询时，他们所担心的可能并不是测试案件本身，而是这些"不足为外人道也"的事情，担心自己的一些"丑事"暴露于阳光之下。如果主测人员能够明确地告诉测试对象，我们仅仅关注于"人是你杀害的吗？""东西是你偷的吗？"这些问题，并不关心其他事情，可以让被测人的注意力回到相关问题之上。

因为之前有案情介绍和测试原理解释的铺垫，提出相关问题并不会显得唐突。如果相关问题中出现了一些可能会有不同解释的词汇，测试人还应该进行重点解释。比如，"你是否参与了投毒害死彭某一案？"中，对"参与"一词就应当进行重点解释，在整起案件中，联系卖家，购买毒物，隐藏毒物，实施投毒，打扫现场痕迹，销毁毒物等一系列过程中的任何一个环节，都称作"参与"。警方通过现场痕迹物证判断案情时，往往只能推测出犯罪嫌疑人参与或者并未参与案件，但是要对其参与到什么程度，在具体哪一个环节参与案件进行判断，将是非常困难的。所以在设计测试问题时，我们需要规避用词不当所带来的风险，将这一类问题统称为"参与"是比较恰当的解决方案。

这些看似烦琐的解释，可以有效避免前期侦查以及现场勘察工作中的部分疏漏之处，并且能够统一测试人员和被测人对于关键词汇的理解，将对词汇意义理解的偏差造成的结论不准确的风险，降到最低。

②开发准绳问题。

准绳问题（control question 或 comparison question），又称比较问题，是一类用来和相关问题所产生的心理生理反应进行比较的问题。它实际上是一类特殊的无关问题（irrelevant question，I 相关问题），主要用于刺激无辜的被测人形成自发反应，产生正常的心理生理反应。如果被测人在准绳问题上的反应强于相关问题，那么测试人员就会认为该被测人与所测试的相关问题无关；反之则认为该被测人与所测试的相关问题有关。准绳问题内容通常与被测人以往或者平日道德水平、行为习惯等有关，与案件有部分相关性，但是并不涉及案情中的关键信息。

早在 1988 年测谎技术专家 John C. Kicher 和 David C. Raskin 就对准绳问题做出过经典的解释。准绳问题强调个体既往的一类行为，这些行为与相关问题所关注的内容类似，比如，"23 岁以前，你拿走过一些不属于你的东西吗？"，并告知被测人，准绳问题的测试目的在于判断其是否是这次案件侦查所指控的人员类型，平时的行为特征是否类似于被指控人员的行为特征。因此对于准绳问题，被测人通常会进行否定回答，尽管否认，但其实被测人在该问题上肯定是在撒谎。比如上述的准绳问题，"23 岁以前，你拿走过一些不属于你的东西吗？"一个人可能不会去偷一些价值较高的财物，但是小时候看到小朋友好看的笔或者橡皮擦，长大了在乡村的路边扯一棵白菜，一般人也不会认为这有什么问题，但是严格说来，他确实撒谎了。对于多道心理测试来说，其好处是如果撒谎，那么唤醒水平会更高，产生的心理生理反应会更强烈。主测人会让受测对象确信，如果坦白交代准绳问题所涉及的内容，会让警方觉得他有很大概率犯罪，所以从这个角度出发，受测对象也会否认准绳问题。无辜的被测人肯定对相关问题的回答是诚实的，而对于准绳问题会撒谎，或者不确定自己是否撒谎。相反，对于有罪的被测人来讲，他肯定会对有关其罪行的相关问题撒谎，并且关注度更高。那么，无辜者在准绳问题上的唤醒水平更高，犯罪者在相关问题上的唤醒水平更高，这就产生了差异。

准绳问题的提出要有技巧，因为准绳问题与案件本身并不直接相关，主要考察被测人平时的道德品质、行为模式。笔者在设置准绳问题时，会选取一些人们都有可能违反但又达不到犯罪程度的品行障碍问题。比如，"从小到大，你是否有过小偷小摸的行为?"，这样的情况任何人都有可能出现，小时候拿同学的橡皮擦，走过田间地头顺手摘个桃子，再平常不过了。"从小到大，你是否有伤害别人的行为?"，和小伙伴之间，你推我一掌我打你一拳，抢玩具的时候打花小朋友的脸，也是生活中的常事。很多人平时觉得没什么了不起的，但是作为测试题目呈现在他面前的时候，他就会好好想一想了，"我的回答会对最终的结论有什么影响，我是应该承认之后解释一下还是干脆撒个谎"。在这种情况下，被测人到底回答什么，或者他的回答是真实还是虚假已经不重要了，因为他已经自然而然地走进了测谎的氛围，他已经调整到接受最终测试的状态了。

③提出相关问题，开发准绳问题指导语。

下面为一段开导语示例:

我们今天请你过来，所关心的问题很简单，就是"是你杀害了××吗?"或者"是你偷走了笔记本电脑吗?"除了这个问题，我们还关心你是一个什么样的人，你平时的品行、素质如何。除了案子相关问题以外，警方还关心什么样的人会做这样的案子，什么样的人做这种案件的可能性更大。因此我们还会问到以下几个问题，"从小到大，你曾有过伤害别人的吗？""你曾对别人使用过暴力行为吗？""为了达到目的，你会不择手段吗？"

从这几个问题你可以看出，都是对你过往的行为进行评价。因为有俗语"小时偷针，大了偷金"，平时的品格不好和行为不端，最终会对这个人是否出现犯罪行为产生十分重要的影响，所以我们非常关心你平时是一个什么样的人，你平时的品行方面的问题，是否会增大犯此类案件的可能性。如果你在这几个问题上回答的均是实话，那么我们相信你做这起案件的可能性很小，但是，假如你在这几个问题上都撒谎的话，那我们就更有理由怀疑你了，所以还请你仔细想清楚。

从以上示例可以看出，在阐述时，测试人对于相关问题和无关问题一言带过，而对于准绳问题则花了很大篇幅和时间去解释，去表述，去强调，其目的就在于让被测人将自己的关注点更多地放在准绳问题上，而不是相关问题上。对于无辜者，这样的做法能够保护他；而对于真正的犯罪者，无论你如何去强调准绳问题上，他的注意力肯定都会回到相关问题，也就是说，这样的强调对犯罪者是无用的，那么就能够更好地保护无辜者。

④唤醒。

讨论关于相关问题和准绳问题时，就不得不提"唤醒"这个概念。唤醒受测对象情绪状态，可以影响其生理反应产生质量，尤其是在准绳问题上的生理反应。

唤醒是指从生理和心理状态上对有机体进行激活，主要体现在对大脑和机体能量的调度，其变化范围为从睡眠或者安静状态，直到兴奋状态。Myers 指出，唤醒主要受交感、副交感神经控制，是多种情绪情感参与的综合性心理反应，会产生包括心跳、血压、皮肤电变化的生理反应。

这一概念在体育领域应用更广，随着对情绪唤醒方面的研究，应用范围逐渐扩展到心理学，以及犯罪心理测试等领域。

我们经常在电视网络的体育节目中看到，运动员在正式比赛之前，为了达到最佳的运动状态和运动关注度，都会进行热身活动，要么是在运动场中间慢慢跑步，做一些扩胸、扭腰、压腿等拉伸运动，舒展一下筋骨，有的可能还会在器械上或者比赛场地中做几个简单的技术动作，体会一下比赛的气氛；要么由教练为自己打气，有些会说"你可以的，就把平时训练时掌握的东西发挥出来就行"或者"你一定能赢！"。少部分比较激进的教练甚至会以打耳光的方式唤醒思想上"沉睡"的运动员。前者通常称为生理唤醒，后者则称为心理唤醒。生理唤醒是指伴随情绪所产生的生理反应，生理唤醒有助于运动，尤其是需要高能量的运动，比如 ATP 和糖酵解参与的体育运动。而心理唤醒表现为心理强度的连续分布，是恰当程度的兴奋度和关注度的提升，并非心理兴奋不安的无边界扩展，通常与运动的兴奋程度呈正相关关系。但是处理需要复杂心智参与决策的工作时，并非兴奋程度越高效果越好，通常低水平的心理唤醒会使人在复杂工作问题处理上表现更佳。生理唤醒和心理唤醒孰前孰后并不定论，因为二者本身就是相辅相成的。不过由心理唤醒所引起的包括血压、心跳、皮肤电、脑电等各反应变化的生理唤醒则是早有定论，而这一理论也被完美地运用于多道心理测试技术中。

美国学者 Lindsay 和 Norman 早在 1972 年就提出了情绪唤醒模型，这与此后认知心理学的黑箱理论有异曲同工之妙。该模型涵盖了三个阶段。

第一阶段，外界环境的刺激作用于受测试对象，刺激类型包括视觉、听觉、嗅觉等多种感官刺激。

第二阶段，受测试对象对于外界刺激的认知体验和认知处理过程。该部分同样也是黑箱理论中"黑箱"所指代的内容。我们无法看到"黑箱"里的内容和认知处理的过程，我们只有通过进入"黑箱"的信息和

"黑箱"处理后的结果，来推测"黑箱"里的处理过程。而在情绪唤醒模型中，该步骤体现的是受测者过往生活经历所形成的认知模式，包含对过去的记忆、现状的处理，以及将来的期望等认知过程。

第三阶段，外界刺激通过不同受测对象的认知模式加工后，产生处理结果。每一名被测人在自身神经系统和内分泌系统参与下，产生不同的情绪体验，以及行为规律。由于与机体的效应器官相连接，可以产生相对应的心理生理反应。

可以看出，情绪唤醒模型的核心是第二阶段，即认知模式的处理过程。在多道心理测试中，无辜者因测试时所提的问题和展示的图片与其无关，回答也是诚实的，即现实案例所产生的外界刺激与记忆和预期一致，认知过程会平稳地进行，不会产生激烈的情绪体验，同样不会产生过度的心理生理反应；而犯罪者因测试提及的问题与其高度相关，肯定会撒谎，即外界刺激与他的记忆和认知违背，一次违背产生的反应可能有限，但是测试时多次进行刺激，须反复多次地违背，被测人无法承担这样的消极影响，认知效应会迅速产生作用，调动神经系统和内分泌系统调节机体，以适应当前的消极氛围，此时情绪就被唤醒了，多道心理测试所需要的心理生理反应也就产生了。

多道心理测试技术的测试过程实际上就是吻合了情绪唤醒模型的核心部分。因此，心理测试技术主要使用现代认知心理学理论原理解释心理测试。

⑤与相关问题匹配的"完美准绳问题"。

2000 年后，以色列的一名测谎学者 Gershon Ben-Shakhar 在 *A Critical Review of the Control Questions Test* 一书中，首次提及"完美准绳问题"这一概念，也为笔者研究中提供了新的研究方向。当然他对于这个概念的解释是一种描述型定义，简而言之，准绳问题和相关问题应当没有区别，至少让无辜的受测者不能分辨其中的不同，这样的准绳问题可以称之为

"完美准绳问题"。

准绳问题测试方法中的主要问题源于准绳问题的本质。"准绳问题"四个字给人的印象，似乎这个问题真的成为一种准则、标准了。真正的准绳问题需要和案件中的所有相关因素完美匹配。尽管只有相关问题才可以提及案件中犯罪嫌疑人的犯罪行为，但是，准绳问题仍然需要与相关问题在细节上保持一致，换句话说，在无辜者看来，相关问题和准绳问题没什么区别。然而，这样的准绳问题只有在犯罪情节测试（GKT）中才会出现，这不得不说是一种矛盾，因为它并没有出现在它本应该存在的准绳问题测试方法中。如前所述，准绳问题测试方法中的相关问题是与案件罪行直接关联的，而准绳问题则是强调既往的一类大体行为，并非特定的犯罪类型。那么，相关问题和准绳问题对于所有受测对象都是相关的，只是程度不同而已。很明显，任何一个被测人都能感受到这两种问题是不同的，因为它们的确存在很明显的差异。Ben-Shakhar 和 Furedy 都认为，正是"准绳"二字给人们的误导，阻碍了这一学科的快速发展。这两种问题之间的差异过于明显，即使一个对案件一无所知的无辜者，要分辨其中的差异也并不困难，因为各类媒体报道的焦点事件或多或少会给人们指供很多信息，很多时候你想要屏蔽掉这些信息都很困难。被测人一听就知道，这是和当前的焦点事件有关系的。而准绳问题则是反映既往行为表现，代表一些大致行为规律的问题，之间的区别可见一斑。当被测人了解到多道心理测试技术的理论和规则之后，同样能够推测出，相关问题才是更大威胁。

很显然，无限接近"完美准绳问题"，因为自然科学本没有完美之事，就算是目前最具辨识度的脱氧核糖核酸技术（DNA 技术）也不能做到100%认定，而只提供认定的统计学概率。所以，我们可以看到，真正的完美是不存在的，专家学者们只能将科学技术尽力向完美的方向靠近，却难以最终达到。

尽管不存在所谓"完美准绳问题"，但是笔者认为，准绳问题应尽量和相关问题保持一致，使被测人不能很轻松地分辨出孰轻孰重，这也是一个朝着完美的方向去努力的过程。下面是笔者在近期的一起案例中的使用示例，取得了不错的效果。

郑某和汪某某是交往十多年的朋友，两人均是做生意的小老板，难免出现资金短缺的情况，两人多次发生债务往来。最近一次，郑某向汪某某借了50万元，用于偿还购买商铺的银行贷款。该笔钱是汪某某将其妹妹的房屋抵押后贷的款，足见两人交情不错。借钱后郑某先后还给汪某某20万元左右，但由于目前经济大环境恶劣，生意难做，剩下的30万元则迟迟无法偿还。2016年1月的某一天，郑某前往汪某某家中喝酒，喝酒期间难免谈到目前经济环境不好，自己欠下的债务很多，自己压力很大等。其间，两人由于酒量有限，均有些醉意。此时不知何种原因，郑某突然站起身走向厨房，拿起水果刀就往自己的胸腹部刺去。汪某某见状，立马起身前去阻拦，夺下水果刀并且报警。但郑某由于失血过多，医治无效死亡。

该城区公安分局的办案人员对郑某的行为感到疑惑，对汪某某的供述感到怀疑，随即委托测谎，希望弄清楚在整个事件中，郑某到底是自杀还是他杀。接受委托后，笔者对该次测试的问题进行了思考，相关问题并不困难，即"是你伤害了郑某吗？"；而准绳问题，按照以往的经验和习惯会这样设计，"从小到大，你曾有过伤害别人的行为吗？""你曾对别人使用过暴力行为吗？""为了达到目的，你会不择手段吗？"。但是，考虑到"完美的准绳问题"这一概念，在设计准绳问题时，是否可以有一些变通，让被测人不能轻松分辨出哪一个是相关问题，哪一个是准绳问题？于是，笔者在这起案件中设计了这样的准绳问题，"从小到大，你曾有过伤害别人的行为吗？""你曾使用过暴力行为伤害别人吗？""为了伤害别人，你会不择手段吗？"三个准绳问题的动词均使用"伤害"二字，与相关问题中的动词一致，使准绳问题和相关问题保持唤醒水平一致。笔者在随后的测试过程中取得了不错的效果。被测人汪某某的心理关注度在准绳问题上，在相关问题上反应正常，因此他是诚实的。

3. 相关问题

测试意见书会呈现正式测试时所使用的全部相关问题，以及被测人对于该问题的回答。相关问题和案件内容有直接联系，便于人们很快了解测试的内容。至于在测试进行中所提到的其他问题，如无关问题、牺牲相关问题和准绳问题，主要涉及犯罪心理测试专业内容，因此没必要全部在该部分呈现。

4. 测试结果

在理想情况下，被测人至少需要进行三遍准绳问题的多道心理测试，才可得出结论。但是在实际操作中，难免受到外界环境的干扰（如测试环境温度的变化、噪音、人员走动等）和被测人自身状况的影响（如血压带长时间充气引起上臂酸胀不适、咳嗽打喷嚏、注意力涣散等），当遇到这些情况时，需要对受到干扰的那一遍测试进行调整，调换问题顺序后重新测试。通常情况下，进行三至五遍测试都在允许范围内。受到干扰的测试图谱可以作为资料留存，但是在最终计分时，不计入总分。

计分时，会从所有测试图谱中，选取三张测试效果好、测试结果明确、生理数据采集明晰的测试图谱进行评判，得到该被测人的最后得分。当总分在 +6 分以上时，可认定为诚实反应。测试结果可描述为："相关问题 R1、R2 和 R3 心理压力反应正常，故被测人在本次测试中对 R1、R2 及 R3 的测试结果为通过。"

当总分在 -6 分以下时，可认定为撒谎反应。测试结果可描述为："相关问题 R1、R2 和 R3 心理压力反应异常，故被测人在本次测试中对 R1、R2 及 R3 的测试结果为不通过。"

当总分位于 -6 分和 +6 分之间时，可认定为无法做出结论。测试结果会描述为："相关问题 R1、R2 和 R3 心理压力反应无法判断，故被测人在本次测试中对 R1、R2 及 R3 的测试结果为无结论。"

（三）相关说明

如实说明被测人是否自愿接受本次心理测试。根据《多道心理测试通用技术规程》（GA/T 2002-2022）第 5.2.6 条之规定："测试应在被测人知情同意的情况下进行。测试开始前，应要求被测人签署心理测试自愿书。"测前谈话阶段，主测人会询问被测人意见，明确告知被测人就什么事件或者案件、什么问题对其进行测谎，只有在被测人自愿接受测试并且充分配合的基础上才能进行测试。如果被测人明确表示拒绝，是不能强行测试的，并且需在心理测试自愿书上标注："被测人拒绝测试。"

在的实际测试中，被测人拒绝测试的情况并不多，偶有拒绝测试的情况，主测人会进行耐心的解释和劝导："这项心理测试工作是为了还原事实真相。每起案件中，一个人要证明自己有罪非常容易。而要证明自己的清白，却非常困难。但是心理测试就为每一个想证明自己清白的人提供了一个很好的途径。"经过解释和劝导之后，绝大部分拒绝测试的被测人也能自愿接受测试。在 20 多年的办案实践中，我们仅遇到过一例被测人，虽然经过解释和劝导，他依然坚持拒绝测试。这种情况所占比例微乎其微。

（四）签字确认和日期

犯罪心理测试意见书需要至少两名具有犯罪心理测试鉴定资质的人员签字确认。对于鉴定人的职称等级没有要求，助理工程师、工程师、高级工程师、教授级高级工程师均可作为主测人签字。应该将主测人放在首位，将辅测人放在次位。

鉴定人员签字完成后，标注测试意见书完成日期。需要注意的是，其完成日期应该在第一章绪论的受理日期之后。

（五）本鉴定机构申明

在测试意见书中，应进行以下相关申明：

第一，本意见书仅做侦查办案参考，不作证据使用。

截至 2022 年，犯罪心理测试以及其结论均主要成为一项侦查手段，而无法作为独立证据作为定罪量刑的依据。不过心理测试在识别案件当事人、犯罪嫌疑人的供述方面，具有独特的作用。

第二，如对本心理测试意见书做出的测试意见有任何异议或者疑问，请尽早与本鉴定机构取得联系。

对测试意见有异议者，可以申请同一鉴定机构重新测试，通常该鉴定机构会更换测试人员和修改测试问题，进行重新测试；也可以申请更换鉴定机构重新测试。

第三，未经本鉴定机构的书面同意，任何单位或者个人不得部分复印本心理测试意见书（全部复印除外）。

最终的测试意见书一式两份，一份交予委托单位，一份留存在鉴定机构存档。如果委托单位将测试意见书遗失，可前往鉴定机构复印存档的测试意见书。

三、测试图谱

每一张测试图谱均涵盖了四类问题：无关问题（IR1、IR2、IR3、IR4 区域部分）、牺牲相关问题（SR 区域部分）、准绳问题（C1、C2、C3 区域部分）、相关问题（R1、R2、R3 区域部分）。

图谱评分主要是评价被测人对准绳问题和相关问题的心理生理反应差异。通常情况下，收集的心理生理数据主要是呼吸反应、皮肤电反应、血压反应和反测谎动作等方面的数据。图谱中第一排和第二排曲线为呼吸反应，第三排曲线和第四排曲线分别为修正皮肤电反应和原始皮肤电反应，第五排曲线为血压反应（参见附件 5-3　实际案例测试图谱）。接下来将详细解析各部分反应如何评分：

（一）呼吸

呼吸是人体与外界环境的气体交换过程，通常由呼吸肌驱动胸廓前后运动完成。人在说实话和撒谎的时候，呼吸运动会产生细微的改变。主测人员关注的是受测对象在被问到测试问题时，呼吸运动程度的变化，而非人与人之间呼吸程度的差异。由于性别差异男性女性，胸部呼吸和腹部呼吸的运动程度不同，因此，呼吸反应传感器通常有两条，一条收集胸部呼吸运动程度，另一条收集腹部呼吸运动程度。下面阐述三个比较典型的出现呼吸反应的图谱。

对于呼吸反应的评分采用±1分法，即如果准绳问题比相关问题的反应更强烈，考虑为诚实反应，得+1分；反之，如果相关问题比准绳问题反应更强烈，考虑为撒谎反应，得-1分；如果二者区别不大，得0分。

1. 呼吸暂停

呼吸暂停是指呼吸运动的暂时中断，是多道心理测试呼吸图谱分析中最重要的表现之一。具体如图5-1、图5-2所示。

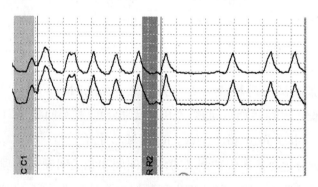

图5-1　呼吸暂停图谱

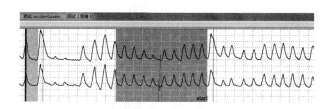

图 5-2　呼吸暂停图谱

从图 5-1 可以看到，当回答完准绳问题（C1 区域）后，被测人呼吸反应基本正常，而在回答完相关问题（R2 区域）后，呼吸运动出现了明显抑制，并且暂停呼吸达 7 秒钟左右的时间（其中一个小虚线格代表 2.5 秒钟），并且在呼吸一次后，再一次出现呼吸暂停现象。这是典型的撒谎反应。由于其反应出现在相关问题上，所以得分为−1 分。

反之，图 5-2 中，呼吸暂停反应出现在回答准绳问题之后，对于图 5-2 中的呼吸反应就应给+1 分。

2. 呼吸频率变化

呼吸频率变化是受测对象在单位时间内，呼吸速率的增加或者减缓。具体如图 5-3、图 5-4 所示。

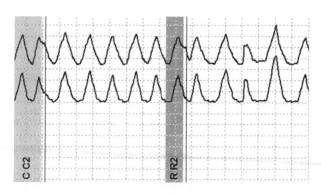

图 5-3　呼吸频率变化图谱

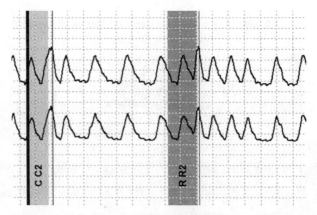

图 5-4　呼吸频率变化图谱

从图 5-3 可以看到，在回答完相关问题后，呼吸反应由之前回答完准绳问题后的 2.33 秒/次呼吸，延长到了 3.05 秒/次呼吸，每次呼吸所需时间延长，呼吸频率下降发生在回答相关问题之后，考虑是撒谎反应，所以得分为-1 分。

而从图 5-4 则可以发现，回答完准绳问题后，呼吸反应延长至 4.50 秒/次呼吸，而在回答完相关问题后，呼吸反应又恢复为 2.50 秒/次呼吸，每次呼吸所需时间缩短，呼吸频率下降发生在回答准绳问题之后，考虑是诚实反应，所以得分为+1 分。

3. 呼吸强度变化

呼吸强度变化是指呼吸反应曲线的振幅发生改变，分为强度增加、强度下降等。具体如图 5-5、图 5-6 所示。

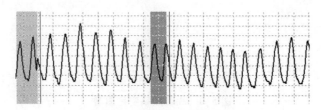

图 5-5　呼吸强度变化图谱

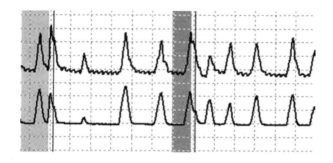

图 5-6 呼吸强度变化图谱

如图 5-5 所示，呼吸强度在回答完准绳问题后，振幅逐渐增宽，而在回答完相关问题后，振幅逐渐下降，即呼吸强度在相关问题上下降，考虑为撒谎反应，故评分为-1 分。

图 5-6 中，呼吸强度的下降发生在回答完准绳问题后，振幅变得非常狭小，尤其是腹部呼吸反应（图 5-6 中下面那条呼吸曲线）更为明显，几乎达到呼吸暂停的程度，而回答完相关问题后，呼吸反应仍然比较正常，没有剧烈程度的波动，由于该次呼吸强度下降发生在回答完准绳问题后，因此考虑为诚实反应，故评分为+1 分。

呼吸强度的变化可以看作呼吸暂停反应的一个变形，是一种呼吸反应抑制程度较低的呼吸暂停反应。

（二）皮肤电

1. 概述

皮肤电反应是指当人体受到外界刺激的时候，诸如声音、光线、气味、针刺等刺激，可以诱发人体产生动作电位，并由连接在人体上，主要是手掌或脚掌皮肤部位的示波器检测到。学者们将这种外界刺激作用于人体产生效应，使人体产生动作电位的现象，称为皮肤电反应。

多道心理测试技术就是利用主测人员对被测人询问案件相关问题的听觉刺激，使被测人产生动作电位，并检测其手指，主要是食指和无名指之间的皮肤电反应变化程度。该技术所使用的皮肤电传感器有完整的电传导通路，由测试仪主机引出一根导线，导线另一端连接皮肤电微电极，材质通常为银或者铜，微电极通过手指食指接触面与手指指端皮肤接触，经过人体后从同一只手的无名指引出另一根导线，连接微电极后再连接到测试仪主机。由于测试仪主机、导线、微电极、人体的电阻值均是恒定的，整个通路的电阻值变化就发生在微电极和皮肤接触面之间。

微电极和皮肤接触面上有汗液。汗液由位于真皮深层或者皮下组织内的汗腺分泌，经过汗腺导管排泄到皮肤表面。汗液中含有水和大量电解质，包括 Na^+、K^+、Cl^- 和少量的含氮代谢产物。因此汗液具有导电性，能够明显改变传导通路的电阻值大小，并由此引起测试图谱发生曲线变化。

皮肤电反应具有非常复杂的神经生理学机制。Edelbergs 提出了皮肤电反应回路模型，认为该模型有三条独立的通路：第一条通路由前运动神经元发出经过椎体束；第二条通路包括下丘脑和边缘系统；第三条通路涉及网状上行系统。他指出，皮肤这类重要而功能复杂的器官，会受到神经系统的支配。研究发现，多道心理测试中被测人被询问相关问题时产生分泌汗腺是一种"精神性出汗"，即在没有机体运动的情况下，受测对象是在被询问问题后产生情绪波动，引起机体交感神经功能增强，汗腺分泌活动增强，导致微电极和手掌皮肤接触面之间电阻值降低，从而表现为皮肤电反应。

接受多道心理测试的受测者体验最为深刻的情绪便是焦虑和恐惧。无辜者焦虑的是测试出现差错，错把自己认定为犯罪嫌疑人而蒙受冤屈。犯罪者恐惧的是测试识别出自己的谎言，自己的罪行大白于天下。正是被测人的情绪反应唤起了他们的心理生理反应。交感神经可以视作人体应对应激事件或者紧急状况的生理结构，并且人的焦虑水平和生理反应与受到的危险程度。杨彦春等人在对焦虑障碍的长期研究中发现，正常的焦虑区别于病理性焦虑，是应对现实威胁的一种情绪反应，其特点是焦虑的强度与现实威胁的程度一致。也就是说，被测人更加关注对他威胁更大的那个问题。无辜者更关注质疑他人品和素质的准绳问题，而犯罪者更关注有关他实际所犯罪行的相关问题。这就是准绳问题测试方法中，皮肤电生理反应的情绪唤醒机制。

对于皮肤电反应的评分采用±2分法。

如果被测人对准绳问题的反应比对相关问题的反应更强烈，考虑为诚实反应。当二者之间具有非常显著差异时，得+2分；当二者之间具有比较大差异时，得+1分。

反之，如果被测人对相关问题的反应比对准绳问题的反应更强烈，考虑为撒谎反应。当二者之间具有非常显著差异时，得-2分；当二者之间具有比较大差异时，得-1分。

如果被测人对准绳问题和相关问题的反应区别不大，得0分。

2. 强度

图谱的强度是指从测前基线或测前强度水平开始到最高峰处的垂直距离，不论图形属于简单反应述是复杂反应，均选择最高峰，物理学上称之为振幅。皮肤电反应方面，诚实的被测人准绳问题振幅高于相关问题，撒谎的被测人准绳问题振幅低于相关问题。

初评者对于皮肤电反应中，何为"非常显著差异"，何为"比较大差异"难以区分，因此笔者就两者之间的细微变化，基于测试图谱进行详细讲解。具体如图5-7至图5-11所示。

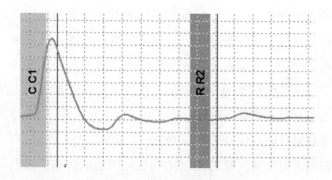

图 5-7 皮肤电强度变化图谱

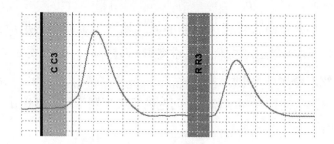

图 5-8 皮肤电强度变化图谱

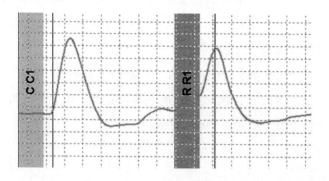

图 5-9 皮肤电强度变化图谱

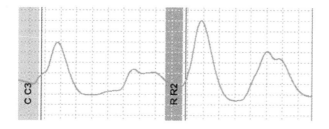

图 5-10　皮肤电强度变化图谱

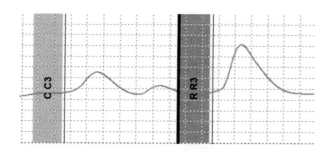

图 5-11　皮肤电强度变化图谱

图 5-7 中，被测人在回答完准绳问题后，皮肤电出现了大约 6 个单位的振幅，而在回答完相关问题之后，皮肤电仅出现小于 1 个单位的振幅，由于准绳问题反应大于相关问题，属诚实表现，得正分，而二者出现非常显著差异，因此得分为+2 分。

图 5-8 中，被测人在回答完准绳问题后，皮肤电出现了大约 8 个单位的振幅，而在回答完相关问题之后，皮肤电出现了大约 5.8 个单位的振幅，准绳问题反应大于相关问题，属诚实表现，得正分，二者之间差异达不到"非常显著差异"的程度，但可以达到"比较大差异"的程度，因此得分为+1 分。

图 5-9 中，被测人在回答完准绳问题后，皮肤电出现了大约 6 个单位的振幅，而在回答完相关问题之后，皮肤电出现了大约 5 个单位的振

幅，严格意义上讲属诚实表现，但是由于二者之间差异不大，因此得分为0分。

图5-10中，被测人在回答完准绳问题后，皮肤电出现了大约4个单位的振幅，而在回答完相关问题之后，皮肤电出现了大约6个单位的振幅，由于准绳问题的皮肤电强度小于相关问题，属撒谎表现，得负分，而二者之间差异介于无差异和显著差异之间，因此得分为-1分。有所区别的是，其余多数皮肤电反应仅有单峰，属于单纯类型反应，而在图5-10中被测人回答完相关问题后，皮肤电反应出现双峰，属于复杂类型反应。考虑其原因为刺激恢复后又出现了新的唤醒。而且由于图5-10中相关问题的皮肤电反应双峰的第二个峰振幅小于第一个峰，因此以第一个峰的振幅计算分值。

图5-11中，被测人在回答完准绳问题后，皮肤电出现了大约2个单位的振幅，而在回答完相关问题之后，皮肤电出现了大约4.5个单位的振幅。由于准绳问题的皮肤电反应强度小于相关问题，属于撒谎表现，得负分，而二者之间差异强度远大于"比较大差异"程度，已经达到了"非常显著差异"程度，因此得分为-2分。

而呼吸反应和血压反应不存在±1分与±2分的差异，不需要判断被测人对准绳问题和相关问题的反应程度是属于"比较大差异"还是"非常显著差异"，因此相对于皮肤电反应的评分更为简单。

（三）血压

血压是血液对于单位面积血管壁的侧压力。如前所述，多道心理测试问题作为一种刺激源，会引起人体产生应激反应，而撒谎本身也会唤醒机体的情绪体验，从而产生交感神经兴奋。被测人在出现汗液分泌增加、皮肤电反应的同时，也会产生心跳加快、血压上升等心血管系统反应。同样地，由于焦虑程度与威胁水平一致，被测人更加关注对他威胁更大的那个问题。与皮肤电反应有所区别的是，测试中血压反应图谱的典型表现反映在强度和振幅的变化上，并且血压反应图谱不像皮肤电反应图谱是一条曲线，而是呈现宽幅震荡趋势，在评分时，通常选择血压图谱的下沿进行观察。

对于血压反应的评分采用±1分法，即如果被测人对准绳问题的反应比对相关问题的反应更强烈，考虑为诚实反应，得+1分；反之，如果被测人对相关问题的反应比对准绳问题的反应更强烈，考虑为撒谎反应，得-1分；如果二者区别不大，得0分。

1. 血压强度

血压强度是指血压图谱下沿从测前基线或测前强度水平开始到反应的最高峰处的垂直距离，即对应 Y 坐标轴上的投影高度，同样地，物理学上称之为振幅。和皮肤电反应类似，血压反应中，诚实的被测人准绳问题振幅高于相关问题，撒谎的被测人准绳问题振幅低于相关问题。具体如图 5-12 至图 5-14 所示。

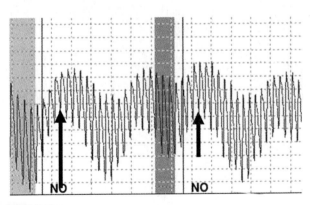

图 5-12　血压强度变化图谱

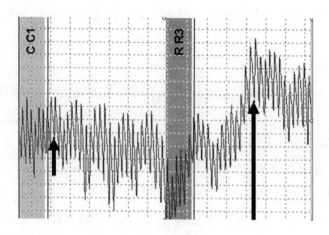

图 5-13　血压强度变化图谱

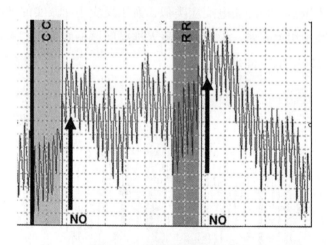

图 5-14　血压强度变化图谱

图 5-12 至图 5-14，描述了多个被测人在回答完准绳问题和相关问题后的血压反应变化情况。根据前文所述，从测前强度水平开始到反应达到最高峰位置为止，血压反应均是以下沿为准，其振幅在 Y 坐标轴上的投影高度即是图中箭头所指示的高度。

图 5-12 中，被测人在回答完准绳问题后，血压出现了大约 6 个单位

的振幅，而在回答完相关问题之后，血压出现了大约 3 个单位的振幅，由于准绳问题的血压强度大于相关问题，属诚实表现，因此得分为+1 分。

图 5-13 中，被测人在回答完准绳问题后，血压出现了大约 3 个单位的振幅，而在回答完相关问题之后，血压出现了大约 9 个单位的振幅，由于准绳问题的血压强度大幅度小于相关问题，属撒谎表现，因此得分为-1 分。

图 5-14 中，被测人在回答完准绳问题后，血压出现了大约 7 个单位的振幅，而在回答完相关问题之后，血压同样出现了大约 7 个单位的振幅，由于二者之间差异不大，血压反应几乎一致，因此得分为 0 分。

2. 振幅改变

振幅改变体现的是收缩压和舒张压的实际强度，有些文献将振幅与基线上扬视为等价。而且振幅改变通常被视为血压改变。在回答问题后，血压振幅多表现为由宽变窄，而后又由窄变宽。具体如图 6-15 和图 5-16 所示。

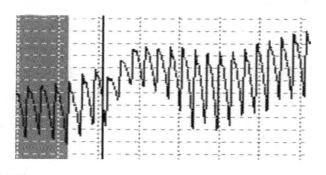

图 5-15　血压振幅变化图谱

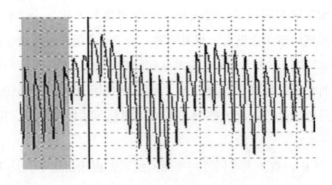

图 5-16　血压振幅变化图谱

在实际测试工作中，通常不会太多关注血压振幅的变化。更多的是看提出问题后血压反应图谱下沿在垂直方向上变化的幅度。而血压振幅的改变仅作为参考项目进行评估。

四、鉴定机构和鉴定人资质复印件

犯罪心理测试意见书最后部分为鉴定机构和鉴定人资质复印件。该复印件也是此心理测试意见书具备特定法律效力的证明文件。

（一）鉴定机构复印件

鉴定机构需要具备心理测试的鉴定资质。很多社会性的司法鉴定机构可能具有法医伤残等级鉴定资格、图片资料同一性鉴定资格、机动车道路交通事故痕迹鉴定资格等，但它们可能并不具备犯罪心理测试技术鉴定资格。通常某一家鉴定机构所能开展的鉴定业务和项目，需要在鉴定机构资格证书中的"鉴定项目"栏目里详细罗列出来。同样地，具备犯罪心理测试鉴定资质的鉴定人需要在开展了该项目的鉴定机构内鉴定，并出具测试意见书，这样才具备法律效力。而假如该鉴定人在未开展此项目的鉴定机构内鉴定，其出具的测试意见书是不具备法律效力的。

（二）鉴定人资质复印件

犯罪心理测试鉴定人只有取得了心理测试鉴定人资格证书后，才能在测试意见书上签字。如果在未取得鉴定人资格证书的情况下签字，其测试意见书不具备法律效力。鉴定人需要在具备心理学、犯罪心理测试、刑侦学等专业知识背景下，经过专业的系统培训，并积累至少两年的实践办案经验，通过本专业的专业知识考试后，才可获取资格证书。

有关鉴定机构和鉴定人资质的详细说明，可参见本书总则部分的内容。

五、测试意见书盖章和存档

每一份犯罪心理测试意见书应当在三处位置盖章：编号处、签字处和骑缝处。印章文字应当与测试意见书中抬头的鉴定机构名称一致。

骑缝章通常加盖在两页测试意见书和三页测试图谱上，且在其右侧盖章。

犯罪心理测试意见书一式两份，一份交由委托单位，一份存档。委托单位如果将测试意见书遗失，可以前往鉴定机构复印，但必须全文复印。

附件 5-1　心理测试分析意见书

××××××物证鉴定所

心理测试分析意见书

心理测试分析意见书

×公（心测）字〔××××〕×号

一、绪论

（一）委托单位：××市公安局

（二）送检人员：××，××

（三）受理日期：××××年××月××日

（四）案情摘要：

（五）被测人情况：×××，（性别），（民族），身份证号：×××××××××××。

（六）测试要求：考察被测人×××关于"×××"等相关问题时的心理压力程度。

（七）测试日期：××××年××月××日

（八）测试地点：×××实验室

二、测试

（一）测试仪器：Limestone 心理测试系统

（二）测试方法：ZCT 测试法

（三）相关问题

R1：×××？（回答：没有。）

R2：×××？（回答：没有。）

R3：×××？（回答：不是。）

（四）测试结果：通过对被测人×××进行了 3 遍多道心理测试，并在对 3 遍测试图谱以及其他相关信息进行了分析后，测试人认为：被测人×××在接受本次心理测试时，对上述案件相关问题 R1、R2 及 R3 心理压力反应正常（或异常），故被测人×××在本次测试中对 R1、R2 及 R3 的测试结果为通过（或不通过）。

三、相关说明

被测人×××系自愿接受测试。

鉴定人：工程师×××（签字）

助理工程师×××（签字）

××××年××月××日

本鉴定机构声明：

1. 本意见书仅供侦查办案参考，不作证据使用。

2. 如对本心理测试意见书做出的测试意见有任何异议或者疑问，请尽早与本鉴定机构取得联系。

3. 未经本鉴定机构的书面同意，任何单位或者个人不得部分复印本心理测试意见书（全部复印除外）。

附件 5-2 犯罪心理测试审批表

编号	测谎〔20 〕 号

×××××××

物证鉴定所
犯罪心理测试登记、审批表

委托单位_____

委 托 人_____ ___联系电话_____

委托时间_____

注意事项

一、填表须知

1. 此表系××××××物证鉴定所测谎专用登记、审批表，委托单位必须严格按照表中项目逐项填写，不准缺项。

2. 填表要求表达清楚，内容详尽，字迹工整。

二、测试前委托单位的准备工作

1. 测试前一天，必须告知被测试人员。

2. 必须保证被测试人员的生理心理条件：包括正常的饮食、睡眠及稳定的情绪，并要求被测试人员不能吃药、喝酒。

3. 必须提供符合要求的测试环境。

案别		发案时间		发案地点	
简要 案情					
案件 难点					
被测人 简要情况					
认定 嫌疑人 主要依据					
被测人 主要经历					

委托方倾向性意见	
通过测谎解决什么问题	
委托单位领导审批意见	
测谎受理意见及安排	
领导审批意见	
侦查建议	
测试结果报告领取	领取人签名：　　　　领取时间：
备注	

附件 5-3　实际案例测试图谱

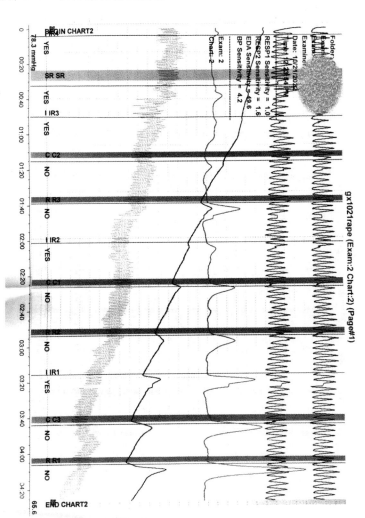

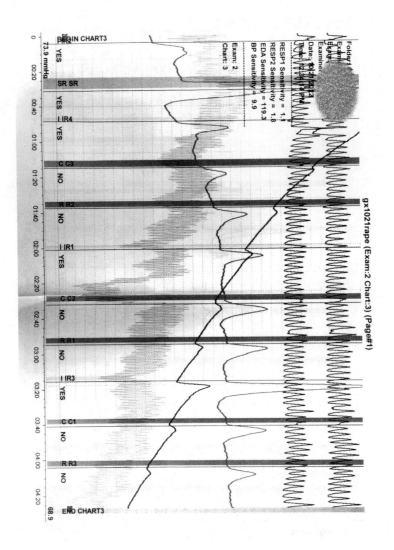

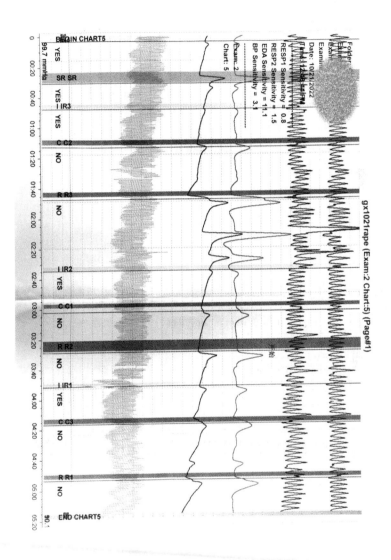

附件 5-4　英文缩略词表

英文缩写	英文全称	中文名称
CQT	control question test or comparison question test	准绳问题测试
GKT	guilty knowledge test	犯罪情节测试
DoDPI	department of defense polygraph institute	美国国防部多道心理测试技术学院
EPPA	employee polygraph protection act	雇员多道心理测试保护法案
POT	peak of tension,	紧张峰
ZCT	zone comparison technique	区域比较测试技术
APA	american polygraph association	美国心理测试技术协会
SACO	sino-american special technical cooperative organization	中美特种技术合作所
R	relative question & relevant question	相关问题
C	controlquestion & comparison question	准绳问题
IR	irrelevant question	无关问题
SR	sacrifice relevant question	牺牲相关问题
OE	original evaluator	初始测试人员
EPE	experienced polygraph evaluator	经验丰富的多道心理测试人员

参考文献

何家弘, 2002. 测谎结论与证据的"有限采用规则"[J]. 中国法学(2): 140-151.

林建红, 2010. 心理测试中的测前谈话技术研究[J]. 硅谷 (19): 82, 157.

孙学礼, 等, 2003. 精神病学[M]. 北京: 高等教育出版社: 344-346.

张孝利, 2008. 多导仪心理测试中的皮肤电指标浅析[J]. 甘肃警察职业学院学报, 6 (1): 46-49.

朱江, 武传钟, 2010. 心理唤醒对体育运动影响的综述研究[J]. 安徽体育科技, 31 (1): 48-50.

BAAS M, ROSKES M, SLIGTE D, et al, 2013. Personality and creativity: The dual pathway to creativity model and a research agenda [J]. Social and personality psychology compass, 7 (10): 732-748.

CHRISTIAN P, HERBON A, 2006. Emotion representation and physiology assignments in digital system [J]. Interacting with computers (18): 139-170.

CROZIER S, ROBERTSON N, DALE M, 2015. The psychological impact of predictive genetic testing for Huntington´s disease: a systematic review of the literature [J]. Journal of genetic counseling, 24 (1): 29-39.

DAWSON M, 1999. Variations of tonic electrodermal activity [J]. International journal of psychophysiology, 33 (3): 223-230.

FUREDY J J, HESLEGRAVE R J, 1991. The forensic use of the polygraph: A psychophysiological analysis of current trends and future prospects [M] //. JENNINGS J R, ACKLES P K, COLES M G H. Advances in Psychophysiology. Jessica Kingsley Publishers Ltd.

FUREDY J J, LISS J, 1986. Countering confessions induced by the polygraph: Of confessionals and psychological rubber hoses [J]. The Criminal Law Quarterly (29): 92-114.

JEFFRIES T, CROSLAND K, MILTENBERGER R, 2015. Evaluating a tablet application and differential reinforcement to increase eye contact in children with autism [J]. Journal of applied behavior analysis, 49 (1): 1-6.

Khalaf R S, 2014. Lebanese youth narratives: a bleak post-war landscape [J]. Compare: a journal of comparative and international education, 44 (1): 97-116.

KICHER J C, RASKIN D C, 1988. Human versus computerized evaluations of polygragh data in a laboratory setting [J]. The journal of applied psychology, 73 (2): 291-302.

LINDSAY P H, NORMAN D A, 1972. Human information processing [M]. New York: Academic Press.

Myers D G, 1995. Psychology (Fourth Edition) [M]. New York: Worth Publishers.

SCERBO A S, FREEDMAN L W, RAINE A, et al, 1992. A major effect of recording site on measurement of electrodermal activity [J]. Psychophysiology, 29 (2): 241-245.